阿古真理

大胆推理！

ケンミン食のなぜ

亜紀書房

もくじ

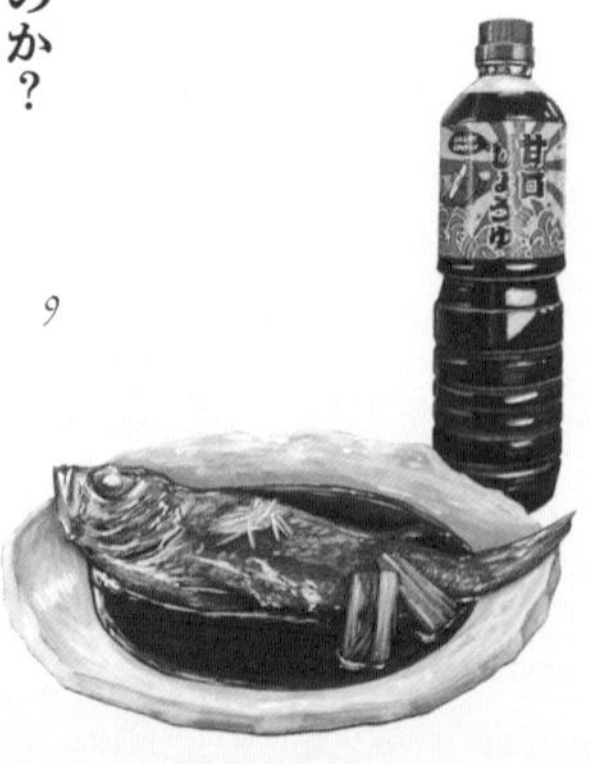

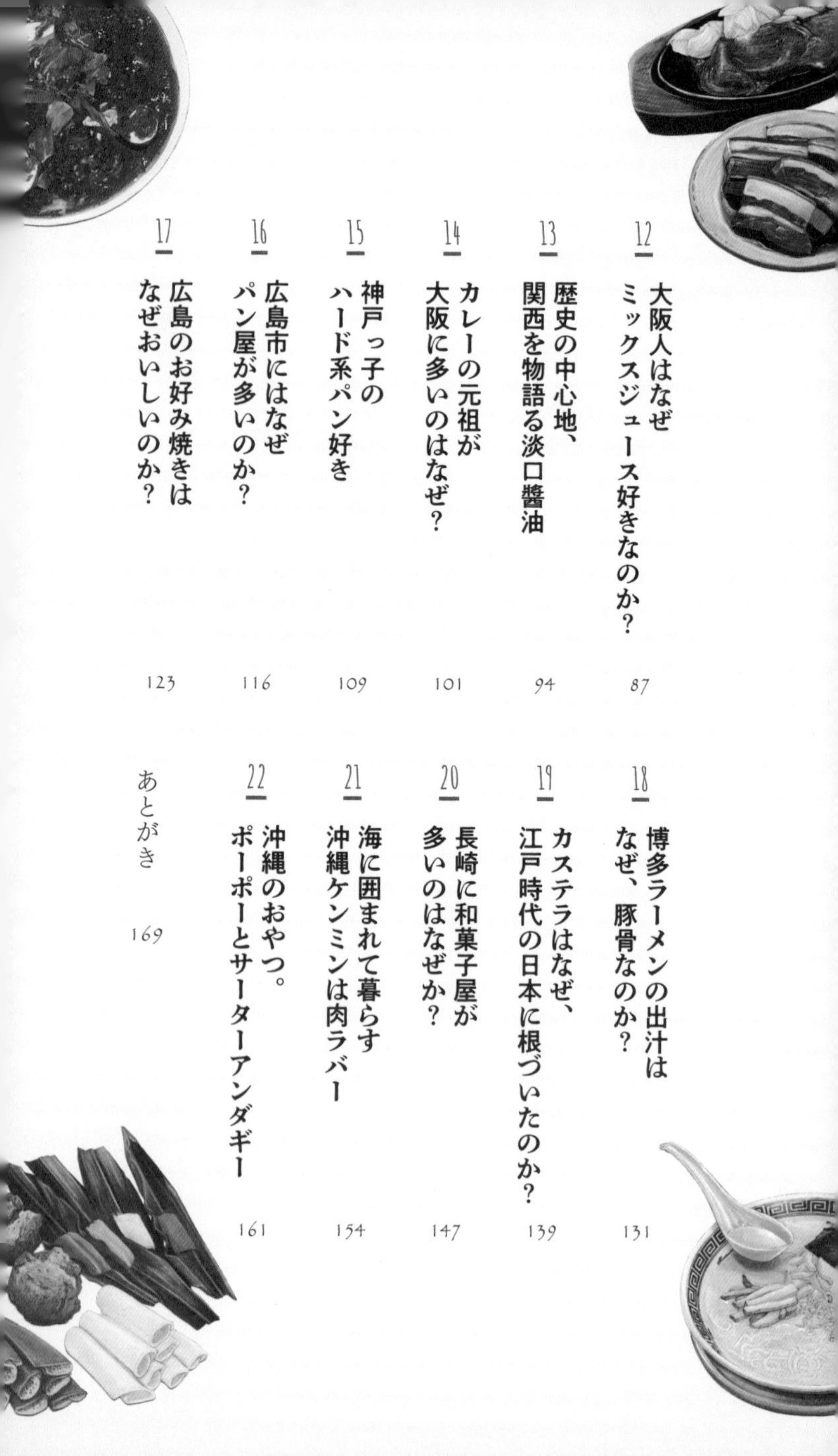

はじめに

あるときふと、私が足を踏み入れたことがある都道府県が、本州は石川県以外すべて、四国と北海道は制覇し、九州は佐賀県・宮崎県・大分県・鹿児島県以外、とほとんどの都道府県に渡ることに気がついた。その後、本州を制覇しようと金沢旅行もしたので、残るはいつか訪問したい九州四県のみ。出張で仕事先に行っただけ、旅行の途中でチラッと立ち寄っただけの県もあるものの、「この旅の成果をまとめたい！」と一念発起。記憶に残る食のエピソードを厳選し、食べものから地域の文化や歴史を考えるエッセイを、亜紀書房のウェブマガジン『あき地』で連載した記事をまとめたのが本書である。

食文化のルーツや定着に関しては、今となっては調べようもないこともたくさんある。最初は旅の楽しさをメインに冗談っぽく推測を書いてみようとしたのだが、今までの私の仕事から考えて、真相と誤解されるかもしれない、と気づく。それで結局いつものようにまじめに調べてわかったこと、わからないことをきちんと伝えることにした。なじみがあると深堀りもできるので、故郷の関西と四半世紀住んでいる東京についても、住人の視点で描き出してみた。

本文にはないが、東京に住み始めてまもない頃、私がなじんできた桜餅は東京のものとは違うことを知った。関西は道明寺粉のだんごを蒸してモチモチした桜餅が定番だが、東京では小麦粉を使ったクレープ生地の衣であんこを巻く。浅草の長命寺にも行って買ってみたが、違和感がぬぐえない。そこでメールで（SNSはまだなかった）各地に住む知人にアンケートを取ったところ、西日本は道明寺タイプが一般的な中、金沢はクレープ生地と判明した。その後、愛媛・松山に出張で春先に行き、コメ粒を蒸したものが一般的と知ってまた衝撃を受けた。東京の上生菓子は着色料をたっぷり使った濃い色が多いためか、その後流行って定着した道明寺の桜餅も、やたら濃いピンクでドキドキしてしまう。

そんな風に、同じ食べものでも地域によって完成品のビジュアルが違う、材料が違う、味つけが違うものは、各地にたくさんある。他の地域ではなじみのない、ポピュラーな食べものも多い。当たり前と思っていたら、実はローカル文化だった、という発見も、関西とはまるで文化が違う東京で暮らすようになってから、次々と出てきた。

二〇〇七年の初回放送からフォローする『秘密のケンミンＳＨＯＷ』（現在は『秘密のケンミンＳＨＯＷ極』、日テレ系）を観ていると、いかに自分が関西ルールを全国区と思ってきたかに気づかされる。ただ同番組は、東京ローカルの文化の独自性は伝えない。東京の人にも、できれば地元を相対化する視線を得て欲しい。地方の人にも、当たり前だと思っていたローカル文化の魅力に気づいて欲しい。三〇歳になって西から東へ移り住んだ私は、地元の普通がよそで通用しないことがあると意識するようになったおかげで、面白い発見をたくさんしたから。そのおすそ分けをしよう、というのも本書の目的である。あまり深く考え込まず楽しんでいただいて、周りの人とも文化の違いを語り合っていただけたらうれしい。

01

道東ではなぜ
牛乳豆腐が生まれたのか?

Milk Tofu, East Hokkaido

二〇一九年四~九月に放送していたＮＨＫ連続テレビ小説『なつぞら』の主人公なつは、北海道・帯広市郊外の酪農家のもとで育った。成長し、東京でアニメーターとして暮らすなつのもとへ、かわいがってくれた義祖父が、牛乳豆腐を手に訪ねてくる場面があった。

「なつかしい！」と思ったのは、学生時代に旅行した道東・霧多布（きりたっぷ）で、私もいただいたことがあったからだ。雪印メグミルクのウェブサイトによると、牛乳豆腐は、牛乳を温め、酢を加えて固めたもので、もともと「酪農家たちのまかない料理」だ。豆腐みたいな味だが、もう少しコクがある。

私が昔、珍しい牛乳豆腐を食べることができたのは、当時酪農家に住み込んで働いていた友人を訪ね、泊めてもらったからだ。夕ご飯のおかずに牛乳豆腐、夜は牛乳風呂と、酪農家ならではの牛乳尽くしのもてなしが、とてもうれしかった。

北海道には、幼稚園児の秋のイモ掘りがジャガイモであるなど、独自の食文化が根づく。牛乳豆腐もその一つだろう。なぜ、牛乳をわざわざ豆腐にしようという発想が生まれるのか。その背景を考えてみたい。

私が旅行したのは、九月初めだった。日中は真夏のように暑かったが、夜になると急激に気温が下がってカーディガンが必要になり、濃い霧まで出た。その気温差に、北海道の気候の厳しさをうっすら感じる。『なつぞら』でははっきりと描かれなかったが、実際のところ、北海道開拓は想像を絶する過酷さだったらしい。『北海道酪農百年史』（木村勝太郎、樹村房）によれば、開拓はまず、手斧と牛馬の力を借りて原始林を伐採することから始まる。火山灰土や泥炭地を、農耕に適した土壌に改良するには長い年月がかかった。そのうえ度重なる冷害もある。慣れない寒冷地で仮小屋住まいをしながらの重労働が続き、食べるものもロクにないとくれば、体力が続かない者、病気に倒れる者が大勢出たのも当然だろう。先住者であるアイヌの人たちと、トラブルになることもあった。

ドラマの舞台になった十勝地方は、今でこそジャガイモ、小豆などの豆類、小麦やビーツを産し、酪農や養豚が盛んで、豊かな実りをもたらす大地を誇るようになった。しかし同書によれば、明治から昭和にかけて開拓に取り組んだ依田勉三らは、「10年間、悲運にも目的の仕事は一つとして実らなかった」うえ、五〇年もの長きにわたって困難に耐え、発展の基礎を築いている。

牛乳豆腐につながるヒントは、生活が落ち着いてきた昭和初期について描いた、『日本の食生活全集①聞き書　北海道の食事』（農文協）にある。同書を読むと、当時の農家の人々が、いかにコメのご飯に憧れていたかが伝わってくる。昭和初期、米作地帯をのぞく農山漁村では、白米のご飯はめったに食べられないごちそうである。同シリーズの中でも、行間から伝わるコメ食を求める切実さは、北海道が群を抜いている。

明治以降、開拓使は気候風土に合った小麦や乳製品を使った西洋料理の普及を求めたが、人びとは和食を食べたがった。北海道での主食は雑穀などの混ぜご飯もあるが、ジャガイモやカボチャのだんご汁、トウモロコシのおかゆなど、代替食も和食にしている。洋食は基本的に札幌でしか見られない。そんな食生活に、牛乳を豆腐にする発想の原点がある。

本州とはまるで違う環境に、時間をかけて慣れていった人たち。同書にはまだ出てこないが、戦後酪農が盛んになって牛乳をたっぷり摂れる生活になったとき、自然に生まれたのが、和食として食べられる牛乳豆腐だったのだろう。それは、スーパーで一リットルパックの牛乳を買う生活からは、出てこない発想だ。千葉・鴨川地方の郷土料理として農林水産省が紹介しているので、酪農家の発想としては北海道に限らずアリなのかもしれない。

昔、豆腐は、全国どこの農村でも手づくりした。豆を煮てつぶす手間がかかる作業のため、特別なときにつくるごちそうだったのだ。しかし、牛乳豆腐は手軽にできる。本州とは、気候も風土も異なる大地で格闘してきた人たちが、和食をベースに生み出した、白くて弾力があるその塊は、「知恵の結晶」とも呼びたくなる輝きを放っている。

02

岩手ソウルフードには
なぜ、三つも麺類があるのか?

Reimen, Jajamen, Wankosoba, Morioka

ご当地麺は全国にたくさんあるが、香川ならうどんで、札幌がラーメン、富士宮は焼きそば。ふつう有名なのは、うどんなどの小麦麺、蕎麦、焼きそば、ラーメンのどれか一つで、名物麺が何種類もあるイメージはない。

ところが岩手県には、三つも全国に知られた人気麺類がある。それは盛岡冷麺、じゃじゃ麺、そしてわんこ蕎麦だ。私は二回岩手へ行ったことがあり、一つずつ体験した。一つ目はわんこ蕎麦で一九八五年。高校の修学旅行のときだった。

二つ目が盛岡冷麺で、その出合いは衝撃的だった。出張で岩手へ行き、帰りの新幹線に乗る前に、カメラマンの男性が「冷麺食いに行こう」と盛岡駅前の店へ連れて行ってくれた。ビルの二階にあったから、名店と評判の「盛楼閣(せいろうかく)」だったかもしれない。

私が育った関西では、冷やし中華を「冷麺」と呼ぶことがある。冷やし中華だと思い込んだ私は、「なぜこんな寒い一二月に?」といぶかしんだ。ところが、運ばれてきたのは、氷やキュウリ、キムチ、ゆで卵が浮かんだスープに、半透明の黄色い麺が入った見た目も上品な料理だった。食べてみると、クリアで滋味(じみ)深いスープに、弾力があってうま味のある麺が合わさり、冷たいのに箸が止まらない。しかし、なぜキムチが入っているのだろう？

やがて、冷麺とは一般的に朝鮮半島発祥の麺料理を指し、焼き肉店などにあって、定番の締め料理だということを知った。二〇代の頃、関西の安い店でさんざん焼き肉を食べていたのに、メニューの選択は仲間に任せっぱなしで、冷麺があるかどうかさえ知らなかった。

それからは注意して焼き肉店をのぞき、韓国料理店をのぞき、冷麺を見つけては食べてみた。でも、どれも蕎麦粉を使った茶色がかった麺で、盛岡で体験した弾力はない。なぜ？

私が盛岡で食べたのは、独自に発達した盛岡冷麺であり、朝鮮半島のモノとは違うことを知ったのは数年後。盛岡冷麺の名前を広めた「ぴょんぴょん舎」が、二〇〇六年に東京・銀座に進出して話題になった頃だ。

『盛岡冷麺物語』（小西正人、繋新書）によると、盛岡冷麺の元祖の店は、一九五四年に盛岡市で開業した「食道園（しょくどうえん）」。店主は植民地時代に朝鮮半島東北部沿岸にある咸興（ハムン）で育った楊龍哲（ヤンヨンチョル）、日本名は青木輝人。咸興は、平壌（ピョンヤン）と並ぶ冷麺の本場だ。リンゴ農園主の三男だった龍哲は東京に憧れ、大学に入るつもりでやってくる。しかし、映画や芝居にハマって進学は断念、肉体労働に従事して生活するうち、第二次世界大戦が始まる。一九四三年に知人を頼り、妊娠中の妻を連れて疎開した先が盛岡だった。

店を開いたのは、友人から「朝鮮料理店をやらないか」と誘われたからだ。舌の記憶を手がかりに故郷の冷麺をメニューに入れたが、蕎麦粉のコシが強い麺は日本人から嫌われた。そこで、戦後上京してしばらく働いた、数寄屋橋（すきやばし）の朝鮮料理店「食道園」で働いたときに出されていた半透明の麺をヒントに、蕎麦粉を小麦粉に替えて重曹を加え、半透明の麺にした。数寄屋橋の店は、朝鮮戦争の影響で青木が入ってまもなく閉店してしまっている。

店が軌道に乗ったのは、近くのシャンソン喫茶「モンタン」に集まる若い芸術家たちの間で、クセになるその味が人気になったからだ。数年後には、周囲に冷麺を出す店がふえ、盛岡に新しい麺文化が育っていった。

私が未体験のじゃじゃ麺は、盛岡市の「白龍（パイロン）」が元祖。満州から引き揚げてきた高階貫勝が、一九五三年頃に盛岡城の周りで屋台で出したのが最初だ。高階が満州で覚えた味をベースに、もっちりした平打ち麺に、肉味噌、キュウリなどをのせて混ぜながら食べる麺である。

わんこ蕎麦のルーツは、二つ説がある。一つは四〇〇年ほど前に花巻で、南部利直（なんぶとしなお）公が郷土名産の蕎麦を食べて気に入り、何度もおかわりしたという説。もう一つは平民宰相として知られた原敬（はらたかし）首相が、盛岡に帰省して喜んで食べたという説。広まったきっかけは、「わんこ蕎麦全日本大会」が一九五七年から始まったことだ。となると、三大麺はいずれも一九五〇年代が始まりなのである。生活に余裕ができる時代に生まれたから、新しい麺は人気になったのだろう。しかし、愛されなければ定着はしない。

なぜ、岩手ではいくつも名物の麺が生まれたのか。昭和初期の食生活を描いた『日本の食生活全集③聞き書　岩手の食事』（農文協）を手がかりに探ってみた。

昭和初期の農山村では、コメだけのご飯はめったに食べられないごちそうだ。岩手でも、ひえ飯などの雑穀飯のほか、小麦粉を練りひと口大にちぎって汁に入れる「ひっつみ」をよく食べている。県北部では、蕎麦切りはもちろん、かゆやぞうすいなどでも蕎麦をよく食べたようだ。県中央部でも、ひっつみや蕎麦をよく食べる。蕎麦がきは日常食だ。小麦粉や蕎麦粉、くず米の粉をこね、だんごや細切りにして食べる「しとねもの」の登場頻度が高い。県南部でもしとねものが登場する。

つまり、もともと蕎麦や小麦の栽培が盛んで、これらの粉を、麺などに加工する土地柄だった。だからこそ、独自の麺文化が発達できたのではないだろうか。岩手県民は麺食の達人なのである。

03

忘れられない、十和田湖のきりたんぽ

Kiritanpo, Akita

高校の修学旅行で東北へ行く三年前、一九八二年に中学で行った九州がグルメ旅だったことから、すっかり修学旅行の食に対する期待値を高めていた中高一貫校の私たちは、東北各地で判を押したように出される一人鍋の夕食に不満ばかり言っていた。当時は知らなかったが、修学旅行の少し前、一九八一年に大阪市のニイタカ、一九八四年に埼玉県のニチネンという二つのメーカーがそれぞれ一人鍋に使える水色の固形燃料を開発したところだったので、一人鍋は当時の旅館で流行していたのではないだろうか。

「どこへ行っても同じ料理」現象に加え、雨が多く寒かったことから、三密状態で旅行する私たちの間で風邪まで大流行。私もうつされ、小岩井農場では部屋にこもりきりだった。さんざんだった修学旅行で数少ない楽しかった思い出が、奥入瀬(おいらせ)渓流の散策だった。もともとハイキングレベルの山歩きをよくしていたこともあるが、どこまでも続く木立とせせらぎに魅了されてカメラを向けまくり、爽やかな気分になれた。終点は十和田湖。歩き疲れたことも加わったのか、湖畔で食べた焼ききりたんぽが最高においしかった。ご飯のちょっと焦げたところと味噌のコンビネーションが素晴らしく、「きりたんぽは焼いたものが一番！」と刷り込まれた。

お土産にもきりたんぽを買い、家でも焼こうと張り切っていたのだが……ある日、家に帰ったら鍋が煮えていて「今日はきりたんぽ鍋よ」と母に言われた。「なんで鍋になんかするのよ！」と私は怒ったが、後の祭り。ぶつぶつ言いながらきりたんぽ鍋を食べた。この頃は、冬になるとほぼ毎週水炊きで、修学旅行に続いてまた鍋料理なことにうんざりし、さらにきりたんぽに香ばしさがなかったことが残念でたまらなかった。

三〇歳で関西を離れ、住み始めた東京は東北が近い、と感じる。秋になると新聞で東北の紅葉写真が紹介されるし、スーパーに並ぶ食材も東北のものが多い。鍋パックがずらりと並ぶ時代が来る前は、きりたんぽ鍋も冬になるとスーパーで推される鍋の一つだった。パックに詰められたきりたんぽとマイタケ、セリ、鶏肉が目立つように並んでいる。マイタケもセリも、東京に来て親しむようになった食材だ。たまにきりたんぽ鍋をつくるようになったが、焼ききりたんぽはあれ以来一度も食べていない。ご飯をだんご的に使う文化といえば岐阜・長野の五平餅もあるが、全国区ではない。秋田ケンミンは、なぜこのようなだんご状の食べ方を考案したのだろうか？

昭和初期の食の記憶を、今回もまた『日本の食生活全集⑤聞き書　秋田の食事』（農文協）で調べてみると、きりたんぽが紹介されているのは、奥入瀬渓流とエリアが近い大館（おおだて）市で取材した「県北米代川流域の食」のところだった。「味噌つけたんぽ」が、私の記憶にあるものと同じらしい。

たんぽは、収穫の喜びを分かち合うために新米を炊いてつくる、大事なお客さまが来たとき、冠婚葬祭などで必ずつくるもてなし料理とある。うるち米を粒が半分つぶれた半殺し状態に押しつぶし、長さ一尺五寸（約四五五ミリ）の角串に、軽く握りながら丸めてつけ、塩水でしめした手で伸ばして竹輪の形にする。それを囲炉裏の周りに並べてあぶり、甘みなどを加えて緩めた味噌にくぐらせて食べる。「熱くて甘くて、こんなにおいしいものがあるだろうかと思うほどである」と書いてある。

以前、テレビ番組で「秋田の人はふだん、きりたんぽじゃなくて、だまこもちを食べるほうが多い」と紹介されていた。きりたんぽはつくるのにも焼くにも手間がかかるが、丸めてつくるこちらは手軽だからだそうだ。

だまこもちについては、男鹿（おが）半島の北浦と、八郎潟町で紹介されている。どちらも、新米を炊いてからすりこ木で粗くつぶし、手で丸めて他の食材と煮て食べる。八郎潟町の家では、残るようにたっぷりつくり、翌朝汁がしみ込んだ状態で串に挿していろりで焼く。「新米を」と両方にあるので、新米の季節の特別な食べ方だったのだろうか。同シリーズを読むと、全国の農村地帯で、ふだんのご飯が白米だけだったところはほとんどないように感じられる。

しかし、八郎潟町は粒が小さめの二番米を混ぜつつも、基本的に白米を食べていた。男鹿半島でも、夏はジャガイモを主食にしているものの、基本的には二番米を中心にご飯をよく食べている。大館市では、日常の主食はコメだが麦などを混ぜているものの、コメの節約を図り、栄養を摂るための指導があったとあるから、それは行政からのお達しの影響かもしれない。また、各地で年中もちを搗いて食べる傾向があり、やはりコメが豊かである。秋田では、大正時代から昭和初期までに湿田を乾田に換える耕地整理が行われ、その際耕地面積もふえて米食主体になったそうだ。コメの豊かさが、だんごにして食べる文化を生んだのかもしれない。

とはいえ、江戸時代の秋田藩では四年に一度の頻度で、主に冷害が原因の凶作に襲われていたし、昭和初期、戦争の引き金になったと言われる東北大冷害にも襲われている。

戦後、日本でコメの生産量は大幅にふえた。機械化や化学肥料・農薬の投入、品種改良、開拓などさまざまに工夫した結果、白米オンリーのご飯は庶民でも日常的に食べられるようになっている。だまこもちも、きりたんぽもつくり放題……しかし、台所環境も大幅に変わり、日常的に囲炉裏を囲んで食事する家庭も消えていった。囲炉裏で焼いていたきりたんぽはどうなったのか。東京から秋田市に移り住んで一〇年の知人に尋ねてみた。

すると彼女は、「焼いたきりたんぽが店で売られているので、甘くした味噌をつけてトースターで焼くと味噌たんぽができます。だまこは家でご飯からつくり、秋から冬にかけて、だまこ鍋などにします」と教えてくれた。また、「本場は県北部の大館市や発祥の鹿角(かづの)市などで、県南の横手市や湯沢市ではきりたんぽ鍋やだまこ鍋ではなく、里芋が入った芋の子汁が中心。県央の秋田市はどっちもある感じです」ともつけ加えてくれた。きりたんぽもだまこも健在で、昔ながらの食文化は受け継がれているらしい。考えてみれば、トースターを使えば手軽にたんぽは焼ける。修学旅行のときの味には届かないかもしれないが、今度見かけたらトースターで焼いてみようか。

04

山形の食文化は、なぜ特別なのか?

Native Vegetables, Yamagata

農家が自ら種採りして育てる希少な在来作物に興味を持ったのは、二〇一〇年代の初め頃。在来野菜だけを販売するファーマーズマーケットの「種市」に行ったこと、同じ頃にドキュメンタリー映画『よみがえりのレシピ』を観たことがきっかけだった。

在来野菜は、キュウリやナス、大根、カブなどたくさんの種類があり、スーパーで売られている一代限りのＦ１種と違って、味や香りがしっかりしている。形も味わいも、個性的で楽しい。ただし、調理にはコツが必要だ。

この映画によると、山形県は在来野菜の宝庫で、それらの野菜の個性を引き出すイタリア料理店があるという。鶴岡市にあるその店、「アル・ケッチァーノ」の奥田（おくだ）政行（まさゆき）シェフが、山形大学の江頭宏昌（えがしらひろあき）教授とともに生産者に会い、活用する様子が描かれていた。

奥田シェフとその仕事については、テレビのドキュメンタリー番組などでも観た。

映像で観る料理はどれもとてもおいしそうだが、鶴岡市にはなかなか行く機会がない。すると先日、銀座の山形県のアンテナショップ「おいしい山形プラザ」に、奥田シェフの店「ヤマガタ サンダンデロ」があるのを見つけた。しかも予約シートに「今日、空席があります」、と書いてあるではないか。

さっそくランチをしに入ったが、予算がなかったので、山ヒジキのパスタだけでその日はおしまい。予告編みたいで不満が残ってしまい、本書の担当編集Nさんにお願いして、フルコースを食べに再訪した。

冬から早春にかけて、私には苦手な旬の食材が多い。ウドとか白子とか牡蠣とかダメなのに、このコースにはそれらの食材が目白押しだ。

牡蠣は昔二回もアタッたため、危険を避けようとNさんに差し上げたが、ほかは食べた。最初は匙（さじ）にのった「つぶ貝とウドのタルタル」。口に運ぶと、ウド独特の味がつぶ貝のおかげでマイルドになっていた。「庄内浜からの寒鱈と白子のクリームスープ」は、クリームのおかげで白子のネットリ感が薄まっていた。苦手なモノを食べられるようにしちゃうって、シェフの技すごい。ただ、山形野菜を感じるかと言えば、季節が悪かったのか正直それほどのインパクトはなく、野菜料理に対する期待は大き過ぎたかもしれなかった。

改めて山形の野菜に関する資料を漁る。奥田シェフが書いた『人と人をつなぐ料理』（新潮社）によると、庄内地方に在来野菜がたくさん残っているのは、「明治維新のとき、本土では最後の最後まで幕府側についていたので、明治以降はすべてのことに乗り遅れ、近代化に対して、「フタ」をされていたようなところがあります。ちょっと前まで陸の孤島と言われていたぐらい」だったから。

その地元を盛り上げようと、奥田シェフは東京で修業した後、イタリアへは渡らずUターンした。そんな彼の「バイブル」が、『庄内の味』（伊藤珍太郎、庄内の味刊行会）という一九七四年に発行された本。日本海に面した庄内地方の野菜や魚の魅力を伝える同書には、その文化衰退を憂える要素もある。書かれた当時は、大量生産の波が野菜生産の現場にも押し寄せ、栽培がラクなF1種が席巻した頃だった。在来作物が消滅する、と危機感を持って書かれたのだと思う。時代を超えて同書に出合った奥田シェフは、生産者の高齢化もあって本当に消滅の危機に瀕していた、地元の食材の魅力を再発見することになったのだろう。

庄内地方の酒田市には、一九七三年というとても早い時期に、地元産の食材を活かす本格的なフランス料理店「ル・ポットフー」がオープンしている。オーナーの佐藤久一は地元旧家の出身で、父親の命でレストランを開業した。佐藤は東京のレストランで働いた折、仕入れも学んでいた。その際に、改めて地元の食材の豊かさに思い至る。Uターンする際、職場の料理人たちを「酒田に行けば、日本一豊かな海の幸、山の幸に囲まれて、コックの仕事ができる」と口説いたのである。ル・ポットフーは、地元食材を活かす独自のフランス料理として有名になる。

佐藤の人生を描いたノンフィクション『世界一の映画館と日本一のフランス料理店を山形県酒田につくった男はなぜ忘れ去られたのか』（岡田芳郎、講談社文庫）によると、酒田市は江戸時代に北前船（きたまえぶね）の寄港地であり、伝統芸能が盛んで料亭文化も栄えていた。だから東京から酒田に移って、仲間が抱いた「こんな寂しい人通りの少ない町」での集客の不安は、すぐに解消される。それどころか、店には地元の名士が集まり、わざわざ東京から訪れる客まで出てきたのである。作家の山口瞳や開高健、丸谷才一の舌もうならせている。

昭和初期の暮らしを取材した『日本の食生活全集⑥聞き書　山形の食事』（農文協）を開いてみる。すると、存在が目立つのは、庄内よりも山間部の置賜（おきたま）地方だった。ここは江戸時代、名君で知られた上杉鷹山（うえすぎようざん）の管理下にあった。飢饉（ききん）を乗り越えた知恵を、周辺地域は置賜地方から学んだのである。しかし近代化に乗り遅れ、江戸時代からの知恵が受け継がれてきたことが、山形を特別な食の都にした。ある意味で、周回遅れのトップランナーだったのである。

05

信州蕎麦は冷たいのが正解?

Soba, Nagano

二〇一一年の夏、久しぶりの旅行で選んだ行き先は、長野県。うつを発症して仕事も大幅にへり、旅行どころではない期間が長かったが、少し回復しつつあった。東日本大震災が起こって精神的に消耗していたこともあり、夫が「どこかへ行って気分を変えよう」と言い出した。

欲望自体が大幅にへっていた私には、どこも行きたいところが思い浮かばなかったが、夫は元宿場町の奈良井に関心を寄せていた。テレビで、全国に先駆け一九六八年から町並み保存運動を始めた、木造の町家が並ぶ奈良井を紹介する映像を見て印象に残っていたのだという。さらにこの年のNHK朝の連続テレビ小説『おひさま』の舞台になり、井上真央・満島ひかり・マイコの三人が奈良井の町を歩くシーンが何度も流れていた。幸い、奈良井は中央本線の特急を使えば東京から三時間半ぐらいで行けるので、体力がなくても何とかなるかなと思えた。二泊三日、奈良井→諏訪→松本と行き先は決まった。

古い建物と散歩が好きな私たちは、奈良井の民宿を取り、それほど長くない街道のメイン通りを何度も往復し散策を楽しんだ。近くお祭りがあるらしく、夜に道端で稽古しているグループもいる。東京とは違うのんびりした雰囲気で、気持ちがラクになっていくのが自分でもわかる。翌朝、奈良井最後の時間を古民家カフェで過ごし、部屋をすだれで仕切った向こうへ、風が渡っていく風景を心に焼きつけた。「長野に来たからには、食べるべきは蕎麦！」と、民宿を出てからは、ひたすら蕎麦ばかりを選んで食事した。しかし考えてみればなぜ、長野と言えば蕎麦なのか。この旅行体験を通して、イメージの源泉も考えてみたい。

カフェを出てから電車に乗り、諏訪へ向かう。諏訪大社へ参ったらお昼になり、神社の前にあった蕎麦屋に入った。私はざる蕎麦を選んだが、夫が体が冷え気味だと言って温かい蕎麦を注文したら、数人いた客たちが「え！」という顔をして振り向き、注文を聞いた店員も「え！」という顔をする。しかし、お腹の弱い夫がその空気に負けたら後でトイレばかり行く羽目になってしまう。押し切って温かい蕎麦を彼は食べたが、いまだに何かあればあのときの周囲の反応をネタにしている。こだわりがありそうな新しめの店だったから、もしかするとこの店には皆、ざる蕎麦で香りを楽しむために来るのかもしれない。確かにおいしかったが、なぜそこまでざる蕎麦にこだわる。

その後松本へ行っても、蕎麦の店は目立つ。ざるを二枚食べるのが標準っぽい雰囲気の店もある。諏訪の体験があるからか、ここでも食べ方のルールが決まっているように感じられ、周りの様子をうかがいながら注文した。晴れやかな座敷の雰囲気が「長野に来て、蕎麦が食べられてうれしい」という観光客の思いを集めているようだった。

松本行きの電車は、浴衣を着た若者で混んでいた。それはちょうどこの日、「松本ぼんぼん」という祭りの日と重なっていたからだった。聞いたことがない祭りだったが、地元の人たちは毎年楽しみにしている様子。チームごとに踊りを競い合うコンテスト形式で、調べてみると始まったのは一九七五年だった。高度経済成長で世の中が大きく変わったとき、奈良井は町並みを近代化で破壊することを止め、松本は新しいコミュニティづくりを始めた。どちらも、時代の転換期に町を守ることを決めたのだ。教育熱心と言われる信州人の知性が、垣間見える。長野は、地元独自の出版文化を持つ県でもある。

祭りの余韻で夜、あちこちの店が道端にテーブルを出して盛り上がっている。松本市は観光都市のはずだが、ローカルな祭りをした日のせいか、地元民の町っぽい雰囲気がとても強く感じられる。『秘密のケンミンSHOW』（日テレ系）で以前、長野県には県歌「信濃の国」があり誰もが暗唱しているとか、宴会など何でも締めに万歳三唱をするという話を聞いていた。結束力と郷土愛が強いからこそ、蕎麦の食べ方もそろえようとしたがるのかもしれない。同時に「一番おいしい食べ方」を味わわせたい、というもてなしの心が強い印象も受ける。

『和食とはなにか』（原田信男、角川ソフィア文庫）によると、定番の「蕎麦切り」という食べ方の発祥地については、信濃説と美濃説がある。『日本の食文化③麦・雑穀と芋』（小川直之編、吉川弘文館）も、長野県木曽郡大桑村須原・定勝寺（じょうしょうじ）の一五七四年に書かれた資料が最も古いとしている。『和食とはなにか』の美濃説の説明も同じ寺で、「定勝寺は美濃国に属する」とあるので、それなら美濃であり同時に長野県、と思ったら甲州説もあることが続きに書いてあった。

いずれが発祥にしても、室町時代に小麦粉の切り麦をモデルに生まれ、江戸時代に製法が確立した。長野県の公式観光サイトは、江戸時代初期の『毛吹草』（一六四五）には、「蕎麦切りは信濃国の名物。当国より始まる」とあるが、山梨発祥説もあるとしている。もしかすると、このあたりの山間部で多発的に生まれ、江戸時代になって各地に広まったのかもしれない。どこが発祥地にせよ、江戸時代初期に信州名物として定着したなら、蕎麦に対する愛も誇りも深くて当然だろう。

蕎麦切りが生まれる前、蕎麦は蕎麦粉を水やお湯で溶いた蕎麦がきや、粒のままご飯に混ぜて食べることが一般的だった。徳島・祖谷（いや）地区では粒のまま雑炊にする。コメはもちろん、小麦も育ちにくい痩（や）せた土地や冷涼（れいりょう）な気候の地域で、人々を支えてきた穀物である。

二〇一一年の旅行で食べた蕎麦は、「当分東京では蕎麦を食べる気になれない」と思ったほどおいしかった。その理由は蕎麦と水の質にある。長野県公式観光サイトには、昼夜の寒暖差が大きいため、蕎麦自体がおいしくなるとある。水質の高さについては、信州ではどこへ行っても周りに山が見えることから推測できる。松本市には、中心部の道沿いに水路があるほどだ。蕎麦は取り寄せればどこでも手に入るが、清涼な水はどこでも手に入るわけではない。

もちろん信州には蕎麦以外にも名物がある。最近注目される、蜂の子などの昆虫食は好き嫌いが分かれるところだが、小麦粉の皮を使ったおやきもある。さらに、松本で知ったのが、実は馬肉をよく食べる地域であること。馬肉もしっかり夕ご飯で堪能させていただいた。果物栽培が盛んなことから、上田市にはジャムやゼリーで有名なみすず飴があるし、軽井沢でもジャム屋やジェラート屋が目立った。ジビエが注目される時代になって、ジビエを売りにする飲食店もある。信州グルメは数あれど、やっぱり蕎麦のブランド力にはかなわない。やはり信州へ行くなら、私は蕎麦を一番食べたい。

冷たい・温かい問題は、次に長野を訪れた時の宿題にしよう。何しろ、信州蕎麦はおいしいのだから。

06

金沢の醤油はなぜ甘い?

Sweet Soy Sauce, Kanazawa

学生の頃、金沢市民は神戸市民と並んで自分の街が大好き、という話を聞き、地元の神戸が大好きだった私は、勝手に親近感を抱いた。「本当に好きなんだ」と思ったのは、東京へ出てから一緒に仕事をした編集者に、「東京の醤油は味が違うから、地元から取り寄せている」と言われたこと。別の仕事で一緒だったカメラマンも同じことを言う。金沢の醤油はマイルドだけど東京の醤油は塩辛い、と金沢出身の人たちは主張するのである。

これまで私は、全国各地へ出張をしたことがあるし旅行も好きなので、ほとんどの都道府県に足を踏み入れている。本州で行ったことがなかったのは、石川県のみ。それではいけないと（別にいけなくはないのだが）、二〇一八年の夏に初めて金沢旅行をした。

山と海と川があって、木々が多く、こぢんまりした町の周りに自然がある。伝統文化を大切にする土地柄もあって町屋も多く、三味線の音が似合いそうだ。女性たちの服装に、華がある。神戸だとパステルカラーが目立つが、金沢は紫や紅色などの濃いトーンが目立つ。人の態度や町の雰囲気になんとなく、おもてなし感がある。料理もおいしい。しかし割高感も強い。金沢好きな知人は、新幹線が開通して便利になったことで、食事代の相場が上がったと言う。

醬油について知りたい、と醬油蔵がある海の近くの大野地区まで足を延ばした。ヤマト醬油味噌の蔵見学ツアーに参加して、ショップコーナーへ行く。ラベルを見たら原材料にみりんが入っていた、ように思うが記憶があいまいだ。同社のオンラインショップで確認すると、「甘口しょうゆ」という商品を見つけた。原材料に砂糖、甘味料（ステビア、甘草）が入っている。丸大豆醬油は無添加で、大豆、小麦、食塩、米のみだった（二〇二〇年五月時点）。しかし、二〇二三年二月に再びアクセスしたところ、その商品は二〇二一年末に販売が修了し、無添加のものは「大野紫」という高級醬油だけになっていた。どうやら甘くない醬油を同社製品に求める人は、めったにいないようだ。

クックパッドで働いている金沢出身の小竹貴子さんに、大野醬油について聞いてみた。すると、「大野へ行くと、結構甘めの煮つけなどがあるなと思いました」と教えてくれる。小竹さんの実家の味は醬油が控えめで、あまり醬油の印象はないのだとか。そして、フードコーディネーター・調理文化研究家の福留奈美さんと青山学院女子短期大学の宇都宮由佳准教授の共同論文「郷土料理からみた醬油の地域特性」を送ってくださった。

北陸の項目を観る。加賀料理は、小竹さんの話のとおり「素材の味を生かすように醬油は控えめに使う」とある。そして「大野醬油は甘いというよりは素材の味を邪魔しないような塩角のとれた旨口タイプが多い」とも。それは昔聞いた、「金沢の醬油はマイルド」という感想に通じる。大野の古文書に残る製法に「諸味(もろみ)に米麹(こうじ)を加えたという記述がある」とのこと。甘い味が伝統なのか。

地元の料理研究家による『金沢・加賀・能登　四季のふるさと料理』（青木悦子、北國新聞社）を開いてみた。甘さという点では、麹漬けが気になる。かぶらずしはもちろん麹を使う。ほかに、県全域にあるにしんと大根の「大根ずし」、輪島市のさざえを漬ける「さざえべし」、能登町の「するめの麹漬け」が紹介されている。石川県のほかの地域でも麹漬けがあるのだ。もしかすると、寒さに耐えるカロリーを補おうと、甘い味を求めるのか。『秘密のケンミンＳＨＯＷ』（日テレ系、現在は「秘密のケンミンＳＨＯＷ極」）では、東北で料理に砂糖をたっぷり入れることを何度も紹介している。

ふだんの料理はどうなのか気になったので、いつもの『日本の食生活全集』（農文協）シリーズも見てみよう。『聞き書　石川の食事』の金沢市の商家の食事は、治部煮を含めて煮ものにほぼ赤砂糖を使っている。「つる豆となすの煮もの」は使っていない、と思ったら、甘酒が入っていた。不室屋の麩料理のランチをいただいた折に出て来た治部煮も、甘めながらあっさりした味つけだった。甘いとはいえ、素材の味を生かすところは関西とも通じる。ふなの甘露煮もある。

砂糖は身近なようで、「風邪のときに砂糖湯にして飲んだりする。また、麦芽のじろあめ（水飴状）、おこしあめ（固いのでたたいて割って使う）などは、ごりのあめ炊き、ふなの甘露煮に、氷砂糖は、風邪をひいたときに白なんてんの実を煎じて飲むむさいに入れる」とある。

水飴の「じろあめ」は、土産屋ですすめられた。素朴な水飴が今も売られているのは、金沢が伝統文化を大切にするからか。販売員のおばさんは、「料理にも使えますよ」と言っていた。私はみりんは使うが砂糖はめったに料理に入れないこともあり、迷った末に結局買わなかった。

水飴は、子どもの頃に縁日へ行くとたいてい売られていて、おじさんが割り箸に巻きつけて渡してくれた。その割り箸を割って、グルグル巻いて白っぽくなったところで食べる。大人になる頃には、そういう店を見かけなくなったように思う。

しかし一般的に、煮ものに醬油と砂糖を使うことが多いとすれば、甘味料を加えてある醬油は、合わせ調味料ということになる。出汁醬油、出汁入り味噌、麻婆豆腐の素といった合わせ調味料は、昭和後期以降にふえたけれど、そういう文化を金沢は先取りしていたということかもしれない。加賀百万石の食文化の豊かさを背景に、いち早く醬油と甘味料を一緒にしたら便利、と思いついた人たちがいたのか。それとも、和食を食べる人がへっていく時代でも、金沢では煮もの文化がしっかり守られているから、こういう醬油が必要なのだろうか。

07

東京人はなぜ讃岐うどんを愛するのか？

Sanuki Udon, Tokyo

私が香川県へ旅行したのは、二〇一七年だった。「高松へ行った」と東京で言うと、「讃岐うどんは食べました？」「本場の讃岐うどん、おいしいですよね！」と、キラキラした目で言われる。「香川へ行く＝うどんを食べる」という図式が、いつの間にか出来上がっている。

もちろんうどんは食べたしおいしかったが、特にどうという感慨は持てなかった。大学時代の一九八九年に琴平へ行った折も食べたが、やはり感動はなかった。私が食べたのは、どちらのときも汁入りの温かいうどんである。メディアでよく紹介される釜揚げに興味がなく食べていないことが、感慨を持てない理由なのか？

讃岐うどんが東京でブームになったのは、一九九〇年代後半から二〇〇〇年代初めにかけて。テレビ番組で、セルフサービスの店や、山の中の小さな店が、盛んに紹介されていた。トッピングのバラエティの豊かさや、一杯二〇〇円ぐらいからの驚きの安さも、魅力のポイントだった。きっかけは、香川県の『タウン情報かがわ』

（ホットカプセル）で一九八九年から連載された、穴場探訪記の「ゲリラうどん通ごっこ」ではないかと思う。一九九三年から、『恐るべきさぬきうどん』（ホットカプセル）として単行本化されて四巻まで出た後、文庫化までされている。連載後半になると、テレビに店を紹介したり取材に同行したエピソードが頻出し、ブームになっていくさまが見て取れる。

同シリーズについて取材した朝日新聞「時代の栞」二〇二〇年八月二六日の記事で、同タウン誌編集長だった田尾和俊は、「90年代後半からブームが始まり、2000年代はじめに最初のピークを迎えた」と証言している。

ブームに乗って、東京でも讃岐うどんの店が出来始めた。大きなところでは、二〇〇二年に香川県のうどんチェーン「はなまるうどん」が東京に進出した。兵庫県加古川市の飲食業経営会社が始めた、讃岐うどんスタイルの「丸亀製麺」も、二〇〇〇年に加古川市で生まれ、全国へ展開していく。

しかしなぜ、東京人は讃岐うどんにそれほど憧れるのか。稲庭うどん好きも多いように見受けられるので、たぶんシコシコの弾力がある麺が好きなのではないかと思う。

あるいは、うどん自体の味のよさが実は、大きなポイントか。何しろ、東京のスーパーで売られている生麺は、少なくとも在京関西人の間ですこぶる評判が悪い。私も「味がしない」と思ったので一回で買うのを止め、在京関西人の友人から「マシ」と教わった冷凍うどんを買うようにしている。在京讃岐人の友人はいないが、同じような感覚なのではないか。あの生麺を食べ慣れている人からすれば、讃岐うどんはかなりおいしいのではないかと思う。

あと、イリコ（煮干し）などを使った出汁（だし）の味だろうか。イリコ出汁は、煮干しラーメンが流行ってからこっち、東京でも存在感を増してきた。

イリコ出汁は味が濃く出るので、カツオ昆布より簡単に味が決まる。しかも安い。

鰹節で出汁を取るより、鍋から引き上げるのも簡単。瀬戸内海に面した近畿・中四国エリアは、イリコをよく使うので、兵庫県育ちの私にとっても馴染みの味だ。もちろん、関西の麺もうま味がある。違いはコシの強さぐらいか。なじんだ関西のうどんと似ているから、それほど感動を覚えなかったのかもしれない。ただ、自分でゆでるセルフうどんの営業スタイルは、私が知る限り、関西にはない。

うどんは汁まで飲むもの、という習慣がある関西では、東京のうどんは「汁が真っ黒」と恐れられてきた。私もその噂を怖がって、東京ではなるべく讃岐うどんの店を選んで食べてきたら、いつの間にか讃岐うどん派になってしまっていたらしい。

二〇一九年の秋に大阪へ行った折、いつものようにきつねうどんを食べた。今までは、中に入った揚げの味と、青ネギの香りに気を取られていたが、このときなぜか、うどんの柔らかさに気がついたのである。何だこれは、ずいぶん柔らかいやん。そう。大阪うどんは結構柔らかいのである。芯はしっかりしているので、コシがないわけではないのだが。

その柔らかさが気になって、いまいち楽しめなかった時点で、讃岐うどんのコシにすっかりハマっていたことを自覚したのであった。あの食べ応えのある弾力に、東京人はハマっているのではないか。感動しなかっただけで、私もやっぱり讃岐うどんラバーではないか。

東京では、江戸時代に蕎麦より先にうどんが流行った。しかし、濃口醤油が生まれ、カツオ出汁が使われる東京の味は、うどんより蕎麦向きだったので、蕎麦のほうが人気になったと言われている。蕎麦は何といっても濃口醤油が合う。

武蔵野うどんというのもある。一度東京都市部で食べた具だくさんのうどんは、やはりコシがあっておいしかったように思うが、二三区内で武蔵野うどんを出す店に遭遇することはめったにない。西郊の農村部で発達したうどんは、都心にあまり進出していないようだ。

ローカルなうどんもあるのに、讃岐うどんが流行るのは、何でも流行する東京だからか。それとも、出汁にうまみにコシと、三拍子そろった讃岐うどんが完璧だからか。ブームは一過性に終わるモノと、新たに定着するモノがある。最初のブームから二〇年経った讃岐うどんは明らかに後者だ。確固たる理由がこれ、とは結局わからないけれど、おいしいものは、どんどん採り入れて自分たちのモノにしてしまう、その吸収力こそ、東京の恐るべきところかもしれない。

08

東京と紅茶は相性が悪いのか?

Black Tea, Tokyo

子どもの頃から紅茶が好きだ。しかし、一般的にはコーヒーが主流。コーヒーを覚えようと大学生の頃、こだわりの喫茶店に通って産地による特徴の違いを学んだ。社会人になると、打ち合わせの際も必ずコーヒーを頼み、世の中に合わせようとした。しかし、しつこく舌に残る苦い後味がどうも苦手で、同調しなくていいフリーランスになってからは、紅茶を選ぶ生活に戻った。それで長年、滅多にコーヒーを注文しないできたら、ますますその後味が気になるようになってしまった。

そうなると困るのは、東京で紅茶がおいしい店に当たる確率が非常に低いこと。関西では、「カフェ英國屋」や「にしむら珈琲店」など、紅茶をおいしく淹（い）れるチェーン店があり、個人店の喫茶店では、ティーコゼー（ティーポットに被せる布の袋）や砂時計を添えるポットサービスがある喫茶店も、チョコチョコあった。

ところが東京では、紅茶をていねいに淹れる店に出合うことが少なく、あっても高い。普及したばかりのインターネットで検索して見つけた紅茶専門店は、店主がうんちくを語るマニアの店で、客がほとんどいないと思ったら、しばらく後に閉店した。近所においしいファンシーなインテリアの紅茶専門店を見つけて通っていたら、やっぱり閉店。引っ越した先で紅茶とランチのパスタがおいしい店ができたと喜んでいたら、マダム御用達になって賑わっていたのになくなった。コロナ禍の影響か、つい最近も知っている店が二店もクローズした。

そういうことをくり返し体験するうちに、東京で紅茶の店が成り立ちにくいのは、店の回転率の悪さに耐えられないからではないかと気がついた。コーヒーの店では、すぐ席を立つ人が少なくない。一人の利用者も多い。しかし、東京の紅茶の店は、女性たちが延々話に花を咲かせている。その回転率の悪さが高い家賃に見合わないのだ、きっと。

コーヒーは何度も社会現象的なブームが来るが、お茶や紅茶のブームは、いつも地味にやってくる。派手な動きがあったのは、二〇〇〇年代初めの中国茶ブームと、二〇一九年のタピオカミルクティーブームぐらい。

東京で、コーヒーの淹れ方にこだわる人は多いのに、お茶をていねいに淹れる人たちがそんなに多くないように感じるのは、なぜだろう。紅色をした「お湯」を淹れてくる紅茶専門店のウエイターに、淹れ直しをお願いしたことがあるが、やっぱり紅いお湯を淹れてくる。ぬるいときもある。ホテルのアフタヌーンティーのサービスですら、味があまりしないお茶を淹れてくることがある。そして「ヌン活」と呼ばれて流行が大きくなると、紅茶ではなくハーブティーを入れて種類をふやすアフタヌーンティーサービスがやたらとふえた。

しかし、中国系ホテルのお茶はおいしい。台湾系のタピオカミルクティーのスタンドのお茶もおいしい。中国・台湾の店のお茶の淹れ方が上手なのは、背景に多様なお茶文化があるからか。

日本もお茶を産する国で、世界に誇る高度な茶道文化が発達している。関西には、日本文化の中心地、京都があるし、紅茶を最初に輸入した外国文化の入り口、神戸では庶民文化として紅茶が定着している。大阪や奈良にもおいしい紅茶を淹れる店はある。京都の宇治や奈良の月ヶ瀬などの産地があり、茶道文化が発達していて和菓子の名店も多い。それで関西には、紅茶がおいしい店が珍しくなかったのか。

東京にも和菓子の名店は一応ある。東京の周辺でも狭山（さやま）茶などの産地はあるし、日本最大の産地の静岡も近い。そして文化やグルメの集積地は東京だ。お茶文化自体はあるのだ。強いて言えば、都としての歴史は浅いが、すでに四〇〇年余りの蓄積はある。

東京で紅茶文化が発達しない要因で、もう一つ思い当たるのは、東京の水が関西に比べて硬度が高いことだ。京都が誇る昆布出汁が、東京ではあまりしっかり出ない。だから東京では鰹出汁が発達した。お茶も、やはり味が出にくい。私が赤いお湯を飲まされてきたのも、沸騰したてのお湯を使い、茶葉をたっぷりしっかりお湯の中で泳がせないと味が出ない、基本を知らない人が多いからだろう。東京では数分以上待たないと、味が出てこない紅茶も多いが、味がしっかり出るまで待つことを知らない、あるいはその時間を取れない店も、多いのかもしれない。

あるとき、出張で京都に行き、泊まったビジネスホテルの部屋で日本茶を飲んだ。すると、ポットのお湯を注いで、お湯の中で備えつけのティーバッグを軽く泳がせただけなのに、何とも味わい深い味になっていてびっくりした。「京都、これはズルイい」と思った。京都には地下に大きな水の層があって、水道水でおいしい水が使える。だから出汁がおいしく、豆腐もうどんもそうめんもおいしいのである。技術以前のアドバンテージがあるのだ。その味が東京で簡単に出せないのは、ヘタだからでも心がけが悪いからでもない。水の条件が違っているからだ。

私は紅茶の味にうるさいクセに、日本茶を淹れるのが下手だ。煎茶は沸騰したお湯を少し冷まして八〇度ぐらいにしないとうま味が出ないが、その温度に下げる余裕がない日が多いので、ふだんは沸騰したお茶を使えるほうじ茶を使う。でも、来客にほうじ茶はないだろうと、人が来たときに無理して煎茶を使い、待たせないように焦って結局緑のお湯を出してしまうことがある。それは東京の水のせいもあるかもしれない。

というわけで、お茶文化が発達しにくい条件が揃った東京。それでも、たまに出合う紅茶をおいしく淹れる店の人は、もしかするとすごいのかもしれない。その人は、きっと繊細な心遣いができる達人なのではないだろうか。

09

浦和はなぜウナギが名物なのか?

Eel, Urawa

京浜東北線の浦和駅に初めて降り立ったのは、二〇年ほど前のことだった。埼玉県の京浜東北線沿線にはあの頃縁があって、何度か通ううちに、住宅街が広がるこのあたりは、東京のベッドタウンなのだと認識した。

ところが浦和駅前は他と違う。県庁のある街が繁華なのは当然としても、官庁街の無機質さよりも情緒を感じるたたずまいなのが意外で、歴史ある雰囲気に打たれた。そういえば浦和は中山道(なかせんどう)の宿場町。のぼりまで立てているウナギ屋が多い。名物なら食べるべし、とちょうどお昼どきだったこともあり、一軒の店に入る。まだウナギの価格は今ほど高くなく、二〇〇〇円ほど出せばウナ重を食べられた。

浦和の独自性は、浦和在住の人たちと縁があったことで、ますます気になるようになった。二〇〇一年に大宮市・与野市と合併してさいたま市になった折は、「大宮と一緒になりたくない」「私はこれからも浦和在住と言うわ！」と息巻く人たちがいた。その後も「浦和なんです」と、鼻を高くして自己紹介する人にくり返し出会う。

浦和レッズがあるからかと思ったけれど、私が出会った人たちは必ずしもサッカーに関心があるわけではない。

ローカルな文化圏でのちょっとしたランクづけは、どこにでもある。埼玉県では浦和の地位が高いのなら、その根拠はどこにあるのだろうと思い続けてきた。その後浦和近辺に行くことはたまにあったが、何しろこの地域には八つも「浦和」がつく駅がある。浦和駅のほかは、南浦和・北浦和・中浦和・東浦和・西浦和・武蔵浦和・浦和美園。そのため、浦和駅へはその後行ってじっくり研究する機会は訪れていない（二〇二二年二月に再訪したら、昔よりチェーン店がふえたのか、郊外っぽさが強くなっていて街道の風情が弱くなっていた。残念）。

そこで書籍で浦和とウナギの関係を調べてみたら、名物として有名なだけでなく、なんとかば焼き発祥地説まである。「浦和うなこちゃん」というゆるキャラもいる。かば焼きの歴史を『すし 天ぷら 蕎麦 うなぎ』（飯野亮一、ちくま学芸文庫）で調べると、室町時代末期からあるらしい。京都で一六八〇（延宝八）年に出版された『噺物語』にウナギのかば焼き売りが登場するところを見ると、江戸時代初期には全国区になっていたようだ。徳川綱吉も一六八七（貞享四）年に出した「生類憐みの令」で魚を禁令の対象にし、一七〇〇年にはウナギを名指しして、生きたまま商売してはいけない、としている。発祥の地は残念ながら、浦和ではなさそうだ。しかし、発祥説が出るからには、何か根拠はあるはず。

『日本の食生活全集⑪聞き書　埼玉の食事』（農文協）によると、浦和付近はかつて海だったらしい。ウェブサイトの「さいたま観光国際協会」の「旧浦和市の歴史」で地理をみると、西部は荒川流域、中央部と東部台地の中間は芝川流域、東端は綾瀬川流域のそれぞれ低地となっている。川が多い土地柄で、中でも「上谷沼（うわやぬま）は田んぼと沼地が混在し、川魚あまた生息する水郷で、風光絶佳な行楽地」だったと『聞き書　埼玉の食事』にある。ウナギの産地だったのだ。

続いて、この沼畔にある老舗ウナギ屋の「小島屋」が、行楽に来る人たちに乞われてウナギのかば焼きを出したことが、広く知られるきっかけだったとある。一九九二年に出た同書に二〇〇年来の店とあるから、今は二三〇年ぐらいかと思ったが、インターネットで検索すると近年の記事でも二〇〇年説があり、店の公式サイトには創業が明記されていない。さいたま市のウェブサイト「さいたま市の伝統産業」によれば、明治後期に客に請われて川魚料理を始めた、とあるので、実は一〇〇年あまりかもしれない。さいたま市立中央図書館のレファレンス事例に、同市最古のうなぎ屋を調べた記録があり、現存する最古の店は「山崎屋」で江戸時代からあるらしい。同店のウェブサイトによると、少なくとも弘化年間（一八四四－一八四八年）には営業していた。いずれにせよ、浦和は中山道の街道筋だったので、一度広まると、ウナギ屋が林立し名物になって定着したのだろう。

同書の「中山道筋〈浦和〉の自転車店の暮らしと食」という項に、昭和初期の浦和の暮らしが描かれている。「親方は、川でふな、どじょう、なまずをよく釣ってくる。ときにはうなぎを釣ってくるので、おかみさんがさいてかば焼きにしてみんなに食べさせる。商店街にはうなぎ屋があるが、藤倉家では、そんなところへ食べに行ったり、買ってきたりするようなぜいたくはけっしてしない」。庶民に専門店のかば焼きは高嶺の花だったが、自前で調達できるから食べる機会はある。そんな位置づけに浦和のウナギはあった。

しかしこの頃すでに、ウナギを地元で釣るのは、たやすくなかったかもしれない。何しろ、同書には大正時代半ば頃から耕地整理が行われ、川魚が次第に姿を消し、ウナギは別の産地から移入されるようになったとも書かれているからだ。

大正時代は、東京に流入者がふえて郊外化が始まった時代である。関東大震災後にその流れは加速する。現在の浦和はもはや産地だからではなく、東京や大阪と同じくかば焼きを焼く技術の伝統があるからウナギが名物になっているのだ。ウナギという資源自体が貴重になっているので、それらの店も、やがてへってしまうのだろうか。

ところで、今回読んだ『聞き書　埼玉の食事』では、同シリーズからうかがえる昭和初期の暮らしぶりとしては、豊かな土地柄という印象を得た。さすがに白飯を日常的に食べていた地域は少ないが、サツマイモの大産地として知られ、各地でうどんを手打ちする文化がある。そして東京に住む私は今、埼玉県産の野菜を日常的に食べている。こうした産地を近くに擁（よう）することで、東京の発展も成り立ってきたのではないだろうか。

10

名古屋人はなぜ
小倉トーストが好きなのか?

Ogura Toast, Nagoya

名古屋と言えば喫茶店。名古屋の喫茶店の定番メニューと言えば、小倉トースト。小倉トースト発祥の店は、栄(さかえ)にあった「満つ葉(まつば)」だ。大正時代、学生がトーストにぜんざいに浸して食べているのをヒントに、考案されたとされている。

全国でも特異なトーストの食べ方が名古屋で定着し、喫茶店の定番メニューになったのはなぜか。考えてみようと二〇一九年夏、あいちトリエンナーレに行った折、元祖の味を受け継ぐ円頓寺(えんどうじ)商店街の「まつば」へ行く。折よく、同商店街もトリエンナーレの会場の一つになっていた。展示を観るついでに店に入って食べてみよう……。

ところが、私が行ったのは開催直後の月曜日。それはイベントの定休日だった。そうでなくても、観たかった「表現の不自由展」が直前に炎上し、観られなくなるまでの経過をインターネット上で確認したところで残念だった。そのうえ、定休日だったとは、肝心なところで下調べが足りていない。商店街のアーケードで、オバケの飾りは観られたものの、屋内の展示は観られなかった。そのうえ、「まつば」まで定休日だったのだ。

結局、昭和感たっぷりの商店街近辺をウロウロしただけ。しかしその道すがら、趣（おもむき）がある和風の門から入る和菓子店を見つけた。一八五四（安政元）年創業のその店、「美濃忠（みのちゅう）」で錦玉羹（きんぎょくかん）を買ったらなんだか楽しくなった。名古屋と言えばういろうぐらいしかイメージがなかったが、よく調べると、あちこちに和菓子屋がある。

そういえば以前、出張で名古屋へ行った帰り、名古屋駅直結の高島屋で、おばちゃんたちが次々と和菓子を買うのに遭遇した。それも一人五箱、一〇箱も買っていくのである。どうやら名古屋では、和菓子を渡す家庭訪問が活発なようだ。それで小倉トーストなのか？ テレビ番組で、名古屋出身の女性タレントが、チューブ入りの「マイあんこ」を持ち歩く人が多い、という話をしていたこともあった気がする。あんこ好き、和菓子好き。しかし、それはなぜなのか。

名古屋は「茶（茶道）どころ、芸どころ」と言われる。お茶とお稽古ごとが盛んな土地柄なのだ。お稽古の後で、お茶とおしゃべりを楽しむ文化も当然あるだろう。お稽古仲間の家を訪ねるなら、手土産を渡すだろう。そういった社交が活発だから、五箱、一〇箱の和菓子を買う行動につながるのかもしれない。

名古屋の都心は、東京の都心の規模の約六割。町のサイズの小ささは、周辺に住む人たちの家同士が近いことを表す。東京では二三区内に住む人同士でも、お互いの家まで一時間以上かかるなんてザラだから、家庭訪問には気合いがいる。しかし名古屋なら、割合気軽に訪問し合えるのではないか？　その近さがきっと、手土産の和菓子を渡す機会をふやしている。

『日本の食文化に歴史を読む　東海の食の特色を探る』（森浩一編、中日出版社）の「東海の食の文化の特徴」（小泉武夫）によれば、名古屋は豊かな土地柄だ。大きな川が多くて地味が肥沃。そういえば新幹線でも、名古屋の周辺で木曽川、長良川、揖斐川と、大河を三本も渡る。しかも東西の交通の要衝で、江戸（東京）の文化も、上方

（京都・大坂／大阪）の文化も入ってきた。

発酵の専門家の小泉氏は、漬けもの製造や醸造業も盛んだと発見している。東海地方は、たくあん漬けも全国一よく食べる地域らしい。そういえば、今や全国区の青首大根は、愛知県の宮重（みやしげ）大根がもとになっている。そして、日本一長い守口（もりぐち）大根を使った守口漬けもある。

「発酵食品といえば、この三重県、静岡県、愛知県、岐阜県では共通してほかの地域より生産量も消費量も多い」と小泉氏は言う。それは水の量が多く質もよいこと、交通の要衝で全国に発送する目的もあったからだという。

そして大豆をよく食べ、味噌汁もよく飲む。東海四県の人が朝食に味噌汁を飲む割合は七八パーセントで、最も多い東北に次ぐと指摘している。

私も名古屋へ行くといつも、味噌汁のおいしさに感動する。外食店の味噌汁は、薄過ぎるか煮詰まって濃過ぎることがよくあるのだが、名古屋の外食店でそういう味噌汁に出合ったことはない。味噌の香りと鰹節の香りがフワーッと立って、一口すればホッとする。それで、名古屋へ行くと、定食屋や和食店によく立ち寄る。名古屋の外食の味噌汁がおいしいのは、もしかすると加熱に強く味がしっかり出る、豆味噌を使っているからかもしれないが。何しろ、味噌でうどんやおでんをグツグツ煮込むのだ。米味噌でそれをやったら、おそらく香りが飛んでしまう。

そのうえ小泉氏の先の記事によれば、東海四県の人たちはお茶もたくさん飲む。全国平均の年間一人当たり一一〇〇グラムに対し、東海地方は一八五三グラムにも達するのだ。そこに和菓子の出番がある。

和菓子が好きでお茶が好き。だから、喫茶店でも和の要素を持ち込んで、小倉トーストになるのか。塩味が欲しいときは味噌を使い、砂糖が欲しいときにはあんこを使うのが、名古屋人の気質なのか。

関西から東京に移り住んだ私はときどき、あまりにも次々と流行が立ち上がっては話題になることに感心してしまう。その割には日本らしい文化が見えづらい。東京は経済や政治の中心地だから、どうしても時代をキャッチアップしていくことに忙しく、足元の文化は影が薄くなりがちなのかもしれない。全国から人が集まるし、海外との交流も活発だ。

関西は、大都市であると同時に古くから歴史の舞台でもあった。土着の人も比較的多い。名古屋も歴史の舞台であり、関西よりもっと土着の人の割合が多いだろう。そして都市の規模が小さい。情報交換と地元に根づいた暮らしが適度に混ざり合っているのが、名古屋なのではないか。だから足はしっかり地に着けたまま、新しいモノを取り込めるのだ。その一つが、洋食が広まった大正時代に生まれた和洋折衷（せっちゅう）料理、小倉トーストだったのではないだろうか。

11

なぜ、名古屋の喫茶店は特別なのか?

Coffee shops, Nagoya

高校から大学にかけて、通っていた地元の喫茶店がある。店には私たち学生のほか、毎日ランチを食べにくる作業服姿のおじさんグループや、コーヒーなどを卸してくれるUCCコーヒーの支店長さんといった常連がいた。支店長さんは、「俺が会社にいると、みんな仕事しないから」と言いながら、何時間でもカウンター席に座って競馬新聞などを読んでいた。社会人にもいろいろいると知った、貴重な経験だった。

店はしかし、私が学生の間に閉店した。何しろ、ランチタイム以外は、ほとんど私たち学生のたまり場としか言いようがないほど客が少なく、スタッフの時給は雀の涙。頼み込まれてスタッフになったときは、バイトではなくサークル活動、と認識し直すことにした。やがて、経営状態はさらに悪化。立て直そうと経営を引き受けた常連のおじさんが、最終的に店を「看取る」結果となった。

喫茶店で青春を過ごしたせいか、私は喫茶店が好きである。出張や旅行では、よく地元の喫茶店でモーニングを頼む。大阪で働いていた一九九〇年代は、東京出張の際もモーニングを楽しんでいた。

だから二〇〇〇年代初頭、名古屋の喫茶店が、急に注目されたときは驚いた。喫茶店のモーニングはどこにでもあって、東京にもあるはずだったからだ。一九九六年、銀座に一号店ができたスターバックスが日本中を席巻し、従来の喫茶店が次々と閉店していった背景を忘れていた。

その頃はカフェブームもあった。東京に住み始めたばかりの私は気づかなかったが、喫茶店文化が消えるのではないか、という危機感が東京の人たちにはあったのだと思う。

また、二〇〇五年の「愛・地球博」もあり、名古屋はこの頃何回も東京でブームになった。あんかけスパなど独特の食文化、縦巻きロールヘアの名古屋嬢、景気がよい、といろいろな角度から注目された。その中に、コーヒー一杯にたくさんのおまけ料理がつく、喫茶店のモーニング文化もあった。

二〇一四年に出た『カフェと日本人』（高井尚之、講談社）は、「なぜ名古屋人は喫茶好きなのか」という章を設けて、名古屋の喫茶店をいくつも紹介している。同書によると、総務省の家計調査で、世帯当たりの喫茶店支出は名古屋市と岐阜市が全国で突出して多い。「東京二三区はいつも三～四位で、大阪市は喫茶店数こそ多いが、支出金額は低い」とのこと。

そこで最近の数字も調べてみた。コロナ禍の二〇二〇～二〇二一年は緊急事態宣言がくり返し出され、飲食店営業が難しい非常事態だったので、その前を見てみる。一世帯当たりの喫茶代への年間支出金額は、二〇一九年の都市別ランキングで、一位は岐阜市、二位が東京都区部、三位は名古屋市となっている。大阪市は九位で低めだ。

『カフェと日本人』によると、中京圏の喫茶店文化のルーツは、幕府の財政が厳しくなり始めていた一七三〇年代に尾張藩主を務めた徳川宗春が、吉宗将軍とは反対に、商業を振興して財政を潤す政策を取ったことにある。

前章でも書いたように、そうした背景からか、名古屋はお稽古ごとが盛んで社交が活発だ。また、誰でも行きつけの喫茶店を持っていて、来客があると喫茶店へ案内する、と同書にもある。喫茶店が応接室なのだ。

私が働く出版業界でも、打ち合わせを喫茶店で行うことが珍しくない。出版社が集まる東京・神保町に喫茶店が多いのは、そこで打ち合わせする編集者が多いことも関係している。喫茶店が多い町には、公私に関係なく応接室として利用する文化があるのではないか。

そもそも都市では、喫茶店が発達しやすい。独自の喫茶店文化で知られるパリ、ウィーン、ロンドンは、どこも人口が多い都会だ。そして日本では名古屋だけでなく、京都や大阪、東京の喫茶店も注目されてきた。それは住宅が狭いこと、お互いの家が遠く訪問し合うのが大変なことに加え、プライバシーを重んじる都会ならではの特性が背後にある。

出版業界のように、ビジネスの場でも喫茶店を使う人たちがいる。職場だと雑然としている、あるいは緊張感がありすぎるなどの理由で、喫茶店を使う人たちは今も昔も多い。大学の周りにも、学生が集う喫茶店がある場合がある。

東京は地価が高過ぎる。そのため、回転数が多くマニュアル化されたチェーンが席巻した時代、店を維持できず廃業した喫茶店が目立ったのだろう。また、高齢になった店主の跡を継ぐ人がおらず、閉店する店が相次いだ時期でもあった。

しかし、カフェや喫茶店のブームは二一世紀に入ってもくり返し起こり、新しく店を始める人たちは多い。新陳代謝の活発さが東京の特徴でもある。一方、名古屋は古きよき形がより目立って維持されていることが、注目されるのだろう。

そして、名古屋で生まれたコメダ珈琲店が東京ほか全国に進出し、スターバックスと対抗する大手チェーンになった。コメダ珈琲店の快進撃で、さらに名古屋の喫茶店文化へ注目が集まった。カフェやチェーンもいいけれど、喫茶店も捨てがたい、と改めて見直されたのだろう。その意味で、名古屋の喫茶店文化は、日本の喫茶店文化を守る砦でもあるのかもしれない。

12

大阪人はなぜ
ミックスジュース好きなのか?

Mixed Juices, Osaka

コロナ禍の東京で、密かにふえたのがバナナジューススタンドだ。砂糖不使用を謳ったり、バナナの品種別のジュースを用意する店が目立つ。果物をミキサーで絞るジューススタンドが東京の都心に出現したのは、確か一〇年ほど前。その後数年してから、熱を加えず大きな圧力をかけて、野菜や果物の水分を絞ったコールドプレスジュースが流行る。東京に住んで二〇数年の私は、それ以前に生ジュース文化があったかどうかは知らない。

一方、大阪では長年、バナナメインで缶詰の桃やミカン、牛乳などをミキサーで混ぜたミックスジュースが愛されてきた。発祥の店は新世界の喫茶店、「千成屋珈琲」。一九四八年に果物屋を開いた初代が、売れ残った果物がもったいない、とジュースにして牛乳を加えたらヒット。一九五〇〜一九六〇年代に関西の喫茶店に広がったと、日本経済新聞電子版二〇一九年一〇月一七日の記事にある。同店は二〇一六年に一度閉店したが、白附克仁さんが受け継いで店を復活させた。この白附さん、独自の哲学と語りが面白いと、『秘密のケンミンＳＨＯＷ』（日テレ系）でくり返し登場し、大阪文化を語っている。

もう一つ有名な老舗が、阪神梅田駅そばの「元祖大阪梅田ミックスジュース」。こちらは、『ハーバー・ビジネス・オンライン』二〇一九年一月二六日「平成とともに「消える泉」と「生きる泉」——明暗を分けた二つの「梅田名物」」によると、一九六九年に日本初のエキナカジューススタンドとして開業。同店の成功により、京阪電鉄子会社が二〇〇〇年に「ジューサーバー」を設立し、やがて東京にも進出。ＪＲ東日本子会社が二〇〇七年に「ハニーズバー」を始める。ジューサーバーやハニーズバーは、東京で見かけた人もいるだろう。これらのチェーンが、東京のジューススタンド人気に一役買っているかもしれない。

元祖大阪梅田ミックスジュースは、新入社員研修を受けていた一九九一年、飲みに行ったことがある。阪神沿線で育った男性が「うまいジュースがあるねん」とすすめるので、同期みんなでゾロゾロついていったところ、喫茶店ではなくスタンドに到着して、みんなで不満を言ったのを覚えている。

関西でミックスジュースは、老舗喫茶店の定番メニューである。私は離れて二〇年以上経つので、今の子どもたちがミックスジュースに親しんでいるかはわからない。しかし、昭和後期に育った私は、どこにでもある当たり前の飲料として、ミックスジュースを意識していた。

東京では当たり前でない、と気づいたのは、サンマルクカフェが二〇〇三年から「大阪ミックスジュース」を売り出していたからだ。「東京にはないの？」と驚いたのは、チェーンが広がってきた二〇〇〇年代のこと。改めて考えると、東京の老舗喫茶店でミックスジュースを見たことはなかったことを思い出す。やがて、テレビが大阪文化として紹介するようになり、千成屋珈琲の話も知った。当たり前、と思っていた文化は関西ローカルだったのだ。

ではなぜ、大阪ではミックスジュースが定着しているのか。発祥の地で広まるのは当然だが、それが半世紀以上も生き残っているのはなぜか。

考えられる要因の一つは、大阪の暑さだ。東京に来たばかりの頃、なぜジューススタンドがないのか、と不思議だった。何しろ蒸し暑いときに都心をウロウロすると、水分とビタミンを体が欲するからだ。しかし、東京の酷暑の時期はせいぜい一カ月ほど。ちょっとがまんすれば、夏は終わる。

ところが大阪は五月に半袖生活に突入し、梅雨頃から蒸し暑くなる。残暑が続けば九月いっぱい、ヘタすれば一〇月初旬まで蒸し暑い。だるく無気力になりがちなこの数カ月、マラソンの給水所のごとく、ビタミンたっぷりの生ジュースを喜ぶ人は多いのではないか。

もう一つの要因は、まったりした甘味を愛する関西文化だ。東京で暮らすようになって気がついたのだが、すっきりとキレのある甘味を愛する東京人に比べ、関西人は後を引く甘さを愛する傾向がある。ソウルフードのきつねうどんも、みりんが効いた甘さがおいしさのポイントである。私もみりんは和食で必ずと言っていいほど使うし、料理していて昆布出汁に淡口醤油とみりんを足したら、「うどんのニオイ！」とうれしくなってしまう。桜餅だって、東京のはすっきりとした小麦粉生地であんこをくるむが、関西のものは、モチモチと甘さが余韻を残す道明寺粉を使う。

ミックスジュースは、キレがいい飲みものではない。バナナのせいか、牛乳のせいか、童心に返ってホッとするような、甘くて後を引く味に仕上がる。バナナジュースが東京で流行り始めたのは、もしかしてその余韻を愛する人がふえたからか？　コロナ禍でストレスフルな今だからこそ、包み込んでくれる甘さを必要とする人が多いのかもしれない。

私はバナナをあまり好きではないので、ミックスジュースはそれほど好んで飲んできたわけではない。しかし、生ジュース全般は好きで、今は関西に用事があると、帰りに新大阪駅のエキナカでジューサーバーに寄り、一杯買って新幹線で飲むことを楽しみにしている。お気に入りはラズベリー入りである。

13

歴史の中心地、関西を物語る淡口醤油

Light Soy Sauce, Kansai

素材の色と持ち味を大切にする京料理を、陰で支えているのが淡口醤油だ。大阪のうどんを汁ごといただけるのも、淡口醤油が主張しないおかげ。関西は、淡口醤油文化圏である。発祥の地は兵庫県西部の播州地方、たつの市。たつの市は姫路市の西隣にあり、「赤とんぼ」の作詞者、三木露風の生誕の地だ。鎌倉時代からの歴史がある皮革産業が盛んで、ランドセルの生産量は国内屈指で、有名ブランド、セイバンの本拠地だ。そして、全国区として知られている名物と言えば、そうめんの揖保乃糸である。

そうめんと淡口醤油の共通点は、小麦を使っていること。醤油の基本的な原料は、大豆と小麦、塩と麹だ。穀倉地帯の播州平野は酒造に適した山田錦の一大産地でもあるが、雨が少ないため、乾燥工程が必須のそうめんの生産にも適している。たつの市を流れる揖保川は、鉄分の少ない軟水であることから、色が薄い淡口醤油の生産にも適している。また、大豆の生産も盛んで、塩田が有名な赤穂とも近い。

この地方で醤油の生産が開始されたのは戦国時代。円尾屋孫右衛門が一五八七年(天正一五)年に、または栗栖屋の横山五郎兵衛が一五九〇(天正一)年に始めたと言われている。淡口醤油が生まれたのは江戸時代が始まった一七世紀。以来、龍野藩が醤油業の育成に力を入れたため、ほとんどの蔵が淡口醤油を生産するようになっている。

京都や大坂へも出荷するようになったのは、江戸時代後期。揖保川の水運により、瀬戸内海を経由して大消費地の京阪神へ醤油を運びやすかったからだ。淡口醤油は発酵を速めるために塩分を多く使用し、うま味を抑えているため、主張しない醤油に仕上がる。この特徴が、出汁を利かせた精進料理や懐石料理の料理文化を支えるようになる。そうして関西地方に、淡口醤油の食文化圏が形成されていった。

よく、淡口醤油と濃口醤油の比較をする際、「淡口醤油は色が薄いが、実は塩分濃度が濃い」という説明で終わることが多い。しかし、それでは「高血圧の原因になるんだ」「ヘルシーじゃない」という印象を持たれ、関西食文化を否定することになってしまう。

そういうことではないのだ。淡口醤油が京都で珍重されたのは、素材をあまり染めない色の薄さと、裏方に徹して素材の味を活かす特徴があったからなのだ。しかし、かくいう私自身も、関西で当たり前のようにこの醤油を使っていたときはその魅力をあまりわかっていなかった。再発見したのは、東京で暮らすようになって数年後、たまたまよく行く町でたつの市の末廣醤油の淡口醤油と出合って使い始めたことから。

昔、私が見ていたレシピ本には、和食の味つけに濃口醤油と淡口醤油を大さじ一杯分ずつ入れるものが多かった。大阪では理由も考えずそのように使っていたが、東京に来ると、淡口醤油がスーパーに並んでいないことが多いため、何となく濃口醤油だけで味つけするようになる。それでも、特に不便は感じていなかった。

ところがある年の年末、珍しく正月料理の煮しめをつくる気になり、末廣醤油の淡口醤油を使ってみた。すると、いつもよりサトイモなど素材の味がしっかりすることに気がついた。もちろん色もあまりつかない。「え?」と驚き、煮ものをつくるときに使うようにしたところ、食材の味が前よりわかるではないか。「どうして誰もこれを教えてくれなかったの! 塩分濃いだけじゃないのに」と叫びたくなった。その発見が自分にとっても大きかったため、しばらく周りの人たちに「素材の味を生かすから」、と淡口醤油の宣伝をしまくっていた。『うちのご飯の60年　祖母・母・娘の食卓』(筑摩書房)にも、「上品な味になった」と書いた。

ところがそれを読んだある方から、「僕は東京の下町育ちで、濃口醤油を使ってきました。濃口醤油を使うと下品なのですか?」と指摘されてしまった。東京は今でこそあらゆるモノの中心地だが、日本史の中では登場が遅い。江戸に幕府が置かれた江戸時代も、京都では公家を中心にした文化が守られており、大坂は経済の中心地として繁栄していた。食文化の中心地は、東京遷都(せんと)まではずっと関西だった。東京に来てから地方出身者の劣等感を抱きがちだったため、東京に「勝てる」関西の歴史を主張したい、という気持ちが文章に滲(にじ)み出してしまったのだ。

江戸時代の初めのうちは、江戸には関西から醤油が運ばれていた。しかし、江戸の人たちは、野田や銚子の濃口醤油の品質が上がるとそちらを選ぶ。蕎麦もウナギのかば焼きも江戸前ずしも、うま味が強い濃口醤油が必須である。イモの煮っころがしも、濃口醤油が合う。全国的に濃口醤油が主流になり、和食と言えば濃口醤油の味、というイメージになったのも、そのうま味の強さと香りの力が大きかったからなのだと思う。ちなみに関西でも、濃口醤油も使われている。

ところで、私が買いに行っていた末廣醤油の店では、一年も経たないうちに淡口醤油が人気になってあまり買えなくなった。それは、東京の人にも素材の味を生かす魅力が伝わったからではないだろうか。

特別いい素材を使うときや、その色をどうしても残したいが醤油で味つけしたい、というときは、ぜひ淡口醤油を使ってみて欲しい。関西の土地と文化が育てた醤油の魅力を、もっと身近に感じる人がふえて欲しいと願っている。

14

カレーの元祖が大阪に多いのはなぜ?

Curry, Osaka

『ｄａｎｃｙｕ』（プレジデント社）が、毎年恒例のカレー特集で二〇一八年九月号「スパイスカレー　新・国民食宣言」を出したあたりから、東京での流行が本格化したスパイスカレー。それは市販のルウや小麦粉を使わず、何種類ものスパイスを組み合わせてつくるカレーのことだ。スパイスカレー店が東京にふえ、レシピ本が続々と刊行され、二〇一九年にはスパイスカレー店を訪ねこだわりを聞くテレビ番組『スパイストラベラー』（ＢＳフジ）まで登場している。

スパイスカレーは、小麦粉を使わないせいか重たくなく、スパイスの複雑な香りと味につられてどんどん食べられる。そしてご飯にぴったり。国民食のルウのカレーでは刺激が足りない人、インド料理店のカレーを重く感じる人、ナンよりご飯を合わせるほうが安心する人が食べるにぴったり。

また、多彩な組み合わせを試せる、つくり手にとっての魅力も大きい。魚の出汁を使う、和食材や中華調味料をプラスするなんてアレンジもできる。自由度が高く研究の余地がたっぷりあり、スパイスカレー道を究めることも楽しそうだ。そんな「道」があるのか分からないが、巷の盛り上がりぶりを観ていると、ありそうな気がする。

以前、『パクチーとアジア飯』（中央公論新社）や『日本外食全史』（亜紀書房）でも書いたが、スパイスカレーの発祥は大阪だ。一九九二年にミナミのアメリカ村で開業した「カシミール」（現在は北浜）が元祖。店主の後藤明人さんはもともとミュージシャン。『関西のスパイスカレーのつくりかた』（eoグルメ編集部、LLCインセクツ）によると、初期のEGO－WRAPPIN'のベースを務めていた。

世紀をまたぐ頃から、大阪にはスパイスカレーの店が次々と誕生。音楽関係者が多いこと、間借りで開業した店が多いことにも特徴がある。「間借りカレー」は二〇二〇年頃にメディアの注目を集めるようになったが、居酒屋やバーなど夜だけ営業する飲食店を日中借り、ランチを出す営業形態である。

副業で間借りとなると、初期投資が低く済み、売り上げが少なめでも暮らしていける。その分アグレッシブな料理を出すことも可能になる。斬新なカレーが続々と登場できたのは、そうした事情があったからだ。同書に紹介されているカレーをピックアップしてみよう。

中津「梵平（ボンベイ）」の「白身魚とホウレン草の四川風スパイスカレー」は、スパイスとしてクミン、赤トウガラシ、シナモン、花椒（かしょう）、コリアンダー、ターメリック、一味唐辛子、コショウを使う。パクチーも入れる。中国のしびれる辛さの花椒が入っているところが、個性的だ。肥後橋「はらいそＳｐａｒｋｌｅ」の「酒粕の和風カレー」は、豚バラ肉、油揚げに野菜類が入る。使っている調味料が酒粕、七味唐辛子、塩、淡口醬油、酒で、鰹節の出汁まで入っている。そこへ、クミン、クローブ、シナモンスティック、コリアンダー、レッドペッパー、ターメリック、とインドカレーの定番スパイスが加わっている。

おわかりだろうか、この何でもあり感。しかし、そうした従来とは異なる食材や調味料を使い、なおかつスパイスの味と香りを際立たせおいしくしようと思えば、そう簡単にベストな組み合わせ方が見つかるとも思えない。その追求がスパイスカレーの世界なのである。

大阪でこうしたカレーが誕生したのは、平成不況がとりわけ厳しい地方の一つだったからと考えられる。何しろ、一九九五年の阪神淡路大震災の経済的ダメージを大阪も受けている。しかも、この頃から日本の不況は本格化した。厳しい時代を生き抜く知恵として、副業カレー、間借りカレーは誕生したと考えられる。

関西人の面白がり精神も影響しているだろう。私もそうだが、関西で育つと日常会話が漫才になってしまいがちだ。自由度が高いカレーの追求は、そうした精神にぴったりでもある。

また、インドカレーはいつの間にか、どこの駅前にもインド料理店がある、と言えるほど全国区になっている。スパイシーな味を食べ慣れた人たちが、好みのスパイシーさを追求し始めるのは、時間の問題だったのである。

もう一つ興味深いのが、大阪にはカレーの元祖が多いという事実である。

レトルトカレーを一九六八年に初めて売り出したのは、大阪市に本社を置く大塚食品。ルウを一九六三年に初めて本格的に売り出したハウス食品も、もとは大阪の会社。そして、一九〇五年に国産カレー粉を初めて売り出したのも、大阪の大和屋(現ハチ食品)だ。

大阪でカレーの発祥が多い理由の一つは、大和屋の来歴にヒントがある。創業者の今村弥兵衛(やへえ)は道修町(どしょうまち)で薬種商を営んでいた。道修町は、豊臣秀吉の時代から薬種問屋が並ぶ街になったと言われている。現在は東京に本社を移転した会社が多いが、武田薬品工業、藤沢薬品工業(現アステラス製薬)、田辺製薬(現田辺三菱製薬)など日本を代表する多くの製薬会社が、ここに本社を構えていた。

大坂は江戸時代、経済の中心地だった。数々の商売が集約されていたのは当然と言える。そして、ここに挙げたいくつかの企業が今は東京に本社を置いていることからも、大阪経済の地盤沈下がうかがえる。

大坂はまた、武士が人口の一割もいなかったことから、自由闊達な雰囲気が育っていた。世界に先駆けてコメの先物商売が生まれるなど、新しい商売も生まれた。実は元祖が大阪なのは、カレーだけではない。

インスタントラーメンも、大阪の日清食品。プレハブ住宅の始まり、庭に置ける勉強部屋「ミゼットハウス」を発売したのも大阪の大和ハウス工業。昭和の東京オリンピックに向け、街を清潔にすることに貢献した大型プラスチック製ゴミ箱を売り出したのも、大阪の積水化学工業。電球の二股ソケットから商売を始めた松下電器産業（現パナソニック）も大阪。リノベーションビジネスの草分けも、大阪のアートアンドクラフト。

生活に関わる商売の始まりが、大阪には多い。常識に縛られず何が楽しいのか、何が便利なのか、真剣に考えている人が多い土地柄なのではないか、と思うのは、関西人の身びいきだろうか。

15

神戸っ子のハード系パン好き

Hard bread, Kobe

二四年前、東京で暮らすようになって驚いたのが、バゲットなどのハード系パンを置く店が少ないことだった。町のパン屋自体が、ない地域も珍しくない。その少なさは、ここ数年パン屋を取材すると、「この町はパン屋がなかったから」、と開業のいきさつを語る人が目立つことからも裏づけられた。

私は中学に入った一九八一年から、学校の最寄り駅前にあるローカルベーカリーチェーンの「カスカード」で、よく昼食用のパンを買っていた。必ず選ぶのがハード系のプチパン。高校に入ると、ハムとチーズをバゲットに挟んだカスクート（今はカスクルートと呼ぶ店が多い）が店頭に並び始め、好んで買うようになる。神戸文化圏では当時から、ハード系パンを扱うパン屋が珍しくなかった。だから私にとってパンといえばプレーンな食事パンであり、特にハード系パンが好きという嗜好が育った。

関西人はパン好きが多い。総務省家計調査の二〇一九年～二〇二一年の都道府県庁所在市および政令指定都市別ランキングでパン購入金額のトップ一〇は、一位が神戸市、二位が京都市、三位が岡山市、四位が堺市、五位が大津市、六位が東京都区部、七位が横浜市、八位が金沢市、九位が大阪市、一〇位が奈良市となっていて、関西から七市もトップ一〇入りしている。

少し前の二〇一三〜二〇一五年は、関西が七市で東京都区部は一三位だった。一〇年余り続くパンブームのおかげか、東京では数年のうちにずいぶんパンの消費金額がふえたようだ。ハード系パンを扱う「ブーランジェリー」を名乗るパン屋もふえている。しかし、東京より関西のほうがパン文化が発展してきたのは、なぜだろうか？　特に神戸っ子が、ハード系パンを愛する理由を考えていきたい。

一つは、もともとの生活パターンの違いだ。かまどでご飯を炊いていた時代、東京の人は朝にご飯を炊き、味噌汁などをつける朝食を用意していた。一方、関西では昼にご飯を炊き、朝は残りご飯をいただく家庭が一般的だった。パンが手軽に手に入るようになると、残りご飯を食べるよりは、とパンを朝食に選ぶ家庭が関西でふえた。一方、朝に炊き立てご飯を食べていた東京人は、ご飯食の朝食を続けた。

炊飯器が普及した今の時代、朝食にパンを選ぶ人はどのぐらいいるのだろうか。少し前だが、ウェブ版『Ｄｏｍａｎｉ』が二〇一八年八月二五日に、同年メディアプラス研究所・オフラボが行ったインターネット調査を紹介していた。全都道府県のうち、最もご飯派が多いエリアはコメどころの東北で、各県半数前後がご飯を朝食にしていた。最もご飯派が少ないエリアはやはり関西で、二〜三割しかいない。大阪府は二一・六％、兵庫県は二三・八％だった。関東は北関東が四割台、首都圏が三割台で東京都は三〇・五％である。時代が変わってパンが人気になっても、関西と関東では、関東のほうがご飯の朝食が多い傾向がある。

とはいえ、パンを朝食にしている人の割合は全国平均で五〇・六％と、平均三四・四％のご飯よりかなり多い。関西は六割前後で、兵庫県は六四・六％の全国一位。二位が奈良県、三位が和歌山県、四位が大阪府で、いずれも六割台。東京は四八・五％で首都圏は五割前後、とこちらも一割ほど関西より比率が低い。やはり、関西のほうが関東より、パンを食事としてよく食べている。

農村が多い地方はご飯派が多い。地方では、地元ならではの人気の菓子パン・総菜パンが発達しているところが多い。それはパンが戦後、農作業の合間に食べるおやつとして広まったからかもしれない。農家では昔から体力仕事ゆえに、午前と午後に間食の時間を設け、女性たちがおにぎりなどを用意していた。しかし、戦後にパン屋が普及すると、手軽に食べられ農作業の働き手をへらさずに済む、とパンが間食に選ばれるようになったのだ。だから、パンは食事というよりおやつという意識が強くなったのではないか。

ハード系パンは、主に食事パンである。神戸っ子が好むのは、食事としてパンを採り入れてきた歴史も影響していると考えられる。しかし、神戸と同様にパンを朝食にする人が多い大阪では、ハード系パンはそれほど人気がない。以前、『なぜ日本のフランスパンは世界一になったのか』（NHK出版新書）でフランス発のベーカリーチェーン「PAUL」の運営会社を傘下に持つ敷島製パンへ取材に行ったところ、大阪・本町に進出した当時、「パンの皮が固い」と苦情を言われることが多かったと聞いた。同じようにパンが好きでも、好みが異なるのである。

神戸っ子がハード系パンを好むのは、本場仕込みのフランスパンを最初に導入した、ドンクのおひざ元だからかもしれない。そして、ドンクに雇われてフランスパンの製造を伝えたフィリップ・ビゴさんは、芦屋で開業した。カスカードや「ローゲンマイヤー」など、ハード系パンを得意とするベーカリーチェーンも多い。

神戸は、横浜と並ぶ貿易港として栄えてきた歴史がある。開港は明治直前の一八六八年一月。神戸は天皇の住まいがある京都に近かったことから、幕府と外国の政治的な思惑が対立して開港の準備が遅れ、外国人居留地の建設が間に合わなかった。

日本人と外国人が入り混じって暮らす雑居地ができた結果、横浜と異なり両者の距離が縮まって、開放的で流行に敏感な気質が育ったと言われている。西洋人の暮らしぶりを身近で見てきた神戸っ子は、パンをどのように食事に採り入れるかも、ほかの地域の人より早く知ったのだろう。だから、やがてハード系パンも好むようになったのではないかと思われる。

東京に来てから、私は出先でハード系パンを扱っていそうなパン屋を見つけると喜んで買うようになった。この二〇年でハード系パンを扱う店は確かにふえた、と肌感覚で思う。また、菓子パン・総菜パンの具材の魅力よりもパン生地自体のおいしさに注目を、という声もあちこちで高まっている。東京もやがて、パンそのものを味わうハード系パン好きが珍しくない町に発展しないか、と密かに期待している。

16

広島市にはなぜ パン屋が多いのか?

Boulangeries, Hiroshima

パンブームが始まって十数年。雑誌のパン特集は定番企画で、テレビの情報番組も、くり返しパンとパン屋を取り上げる。二〇一三年に始まった高級食パンブームは陰りが見えるものの、全国各地で食パン専門店の開業は続いている。ブームの影響か、旅先で店舗デザインがおしゃれなカタカナ店名のパン屋を見かけることも多くなった。その中で、おいしそうなパン屋の選択肢がひときわ多い印象を受けたのが、広島市だ。

私は筋金入りのパン好きである。何しろ、最初に「おいしい」と思った記憶の一つがパンだった。幼稚園児だった頃、大阪・梅田の阪神百貨店で大きなカニさんパンやカメさんパンを買ってもらったのがその思い出。脚の部分を切り取ると、ふわっと香りが立ち上る。むっちりした生地のおいしさに感動し、すっかりパン好きになった。中学高校時代は週に一度、駅前のベーカリーチェーン、カスカードで昼食を調達するのを楽しみにしていた。プチパンとショコラは必須で、ピロシキやカスクートもお気に入りだった。

東京に住むようになってからは、出先で気になるパン屋を見つけると入るクセがついた。そのうえ二〇一六年に『なぜ日本のフランスパンは世界一になったのか　パンと日本人の一五〇年』（NHK出版新書）という本を出したこともあり、もともと好きなバゲットと食パンが、パン屋の味を測る指標として必ず買うアイテムになった。旅先では、朝食用にパンを買っておき、ホテルで食べることが多い。

広島市に行った折、グーグルマップで検索したら、個人のパン屋が中心部にずいぶんとたくさんあることがわかった。ホテルから歩いて数分のところに本格的なドイツパンのベーカリーカフェがあったので、そこで朝食を摂ることにする。昔、ドイツに行ったときはパンのおいしさに感動したが、日本でドイツパンの店にあまり出合わないことも、朝食の場所としてそこを選んだ理由である。

ほかの店も試してみたかったので、翌朝はシチュー入りのパンがあるという店で買ってみると、やはりパン生地自体がおいしかった。広島市は、パンが充実していておいしいのだろうか？

わずか数日の滞在と私の主観だけでは頼りないので、総務省の家計調査も調べてみた。二〇一九〜二〇二一年平均の県庁所在地別ランキングを見ると、パンの支出金額はパン、食パン、他のパンに項目が分かれている。それぞれ広島市は一五位、一二位、二六位という結果で、割合高めなのである。しかも他のパンより食パンの順位がかなり高いということは、食事にパンを導入している家庭が多い、つまりパン文化が根づいている都市の一つと言えそうだ。

なぜ、広島市にはパン文化が根づいているのだろうか。一つ考えられるのは、広島市が日清戦争から、大本営が敷かれた軍需都市だったこと。そういえば日露戦争で有名なのが、海軍軍医の高木兼寛（たかきかねひろ）と陸軍軍医の森林太郎（りんたろう）（鷗外）の対立で、この戦争の際、食べものに脚気（かっけ）の原因があると高木が見抜きパン食を導入した海軍では患者が激減したが、白米食で通した陸軍では大勢の患者、死者を出す結果に終わったことである。軍隊へ納入するパン屋がおそらく、広島市にはあったはずだ。『アンデルセン物語』（一志治夫、新潮社）には、戦後に「アンデルセン」が広島で開業した折、先行したパン屋がいくつもあったことが記されている。

もう一つは、そのアンデルセンの存在である。同書によると、創業は一九四八年八月。「タカキのパン」という名前で、比治山橋のたもとと街外れだった。広島一の繁華街へ進出したのは一九五二年一一月。イートインコーナーも設け、サンドイッチなどを提供した。ルネッサンス様式で建てられた被爆建物の元三井銀行広島支店を買い取り、パン屋にしたのは一九六七年である。パン屋には洋菓子、アイスクリーム、ハム・ソーセージなども置き、レストランやカフェも併設する商業施設にした。パンをセルフサービスとした新しい試みで、大きく売り上げを伸ばす。

アンデルセンは、新しい試みに力を入れてきたパン屋である。創業社長の高木俊介が欧米視察で出合ったデニッシュを導入、冷凍技術を学んでベーカリーチェーン展開の基礎をつくるといった、業界の発展にも貢献した会社である。一九七〇年には、東京・青山に進出。一九六六年に開店したドンクほか、青山には当時各地のパン屋進出が相次いでおり、「青山ベーカリー戦争」と言われた。

アンデルセンは、パン食を文化として根づかせようと試みたパン屋でもある。旗艦店にレストランとカフェを併設したのも、そうした取り組みの一つ。「朝食にパンを」と訴えるキャンペーン広告を打つなど、パン食の啓発広告を長く出し続けた。そうした取り組みの一環なのだろう。私が中学一年生だった一九八一年、広島市に住む親戚のお姉さんに旗艦店にランチを食べに連れて行ってもらった折、アイスクリーム菓子のうんちくやレシピを紹介する小冊子『アイスクリームへの招待』(アンデルセン・グルメの文庫④)をもらった。ピーチメルバやサンデーの誕生物語が面白く、私が食文化史に興味を持つきっかけになった冊子である。

こうしたアンデルセンのキャンペーンが、広島市民にパン食文化を根づかせたのではないか。育てた職人の中には、独立開業する人もいただろう。神戸にパン食文化が根づいたのは、フロインドリーブやドンクが多くの職人を育てた結果でもあった。アンデルセンも広島で、そうした貢献をしてきたと考えられる。

さらにもう一つ、最近別の可能性に気がついた。もしかすると、広島市は原爆が投下されて町が破壊されたから、洋食文化が深く根を下ろしたのではないか。というのは、戦後に発展した新しい町には、和菓子屋は少ないがパン屋やケーキ屋が多い傾向があるからだ。東急沿線の郊外や、できてから半世紀の港北ニュータウンにもパン屋が多い。神戸も開港から一五〇年ほどの新しい町である。もしかすると、古いものが破壊されてしまった広島市には、戦後入ってきた洋風文化のパンが根づきやすかったのかもしれない。そうだとすればせつない理由である。

17

広島のお好み焼きはなぜおいしいのか?

Okonomiyaki, Hiroshima

母方の田舎が広島県北西部の筒賀村（現安芸太田町）なので、広島には親しんできた。イントネーションだけなら、難しいと言われる広島弁も使える。

小学生の頃は毎年八月、まず広島市に住む伯母の家に滞在し、その後筒賀へ向かった。そんな時代には縁がなかったが、大人になって広島市へ行くと食べるようになったのが、お好み焼き。そもそも関西育ちなのでお好み焼きは日常食で、ホットプレートを買った一九八〇年代には、具材を混ぜて焼く大阪スタイルのお好み焼きを家でよく食べた。母が伯母の娘たち、つまり私のいとこたちから教わったという、プロセスチーズと餅をそれぞれ二センチ角ぐらいに切ったものを加え、キャベツはもちろん、豚やエビ、イカなども入っていたと思う。家庭料理なので具材が豪華だ。

二〇代になると、所属していたテニスサークルの仲間と練習後、尼崎市武庫之荘のお好み焼き屋へ通い、豚玉やらネギ玉やら頼んで食べた。祭りの屋台でも食べる。店で食べたエリアは、阪神間から大阪市内ぐらいまでで、都心は入っていない。外で食べるときは、ほっておくとソースと一緒にマヨネーズをかけられてしまうので、「マヨネーズは入れないで」と頼んで、ソース、青のり、鰹節をかけた。

初めて広島でお好み焼きを食べたのは、二〇代前半に一度だけ同年代の東京のいとこたちと、伯父が買った倉橋島の小さな別荘へ遊びに行った折だ。帰りに広島市で、伯父の娘にあたるいとこがおすすめしてくれた、広島市にある「お好み村」へ行って食べたのだ。このとき、客が具材をボウルで混ぜてから焼き、焼くスタイルも多い大阪と異なり、店員が鉄板に小麦粉を溶いたたねを丸く広げ、山盛りキャベツなどをのせ、別に焼いた目玉焼きをのせる焼き方を初めて見た。

大阪のお好み焼きよりキャベツが多くしかも切り方が細いためか、お好み焼き自体がさっぱりしていて洗練された味に思え、それ以来、広島へ行くと必ずお好み焼き屋へ寄るようになった。

大阪風のお好み焼きは、鉄板焼きのクオリティは望めないが素人の私でもフライパンで焼ける。とはいえ、家で焼くことはめったにない。また、東京で暮らすようになってから、大阪へ行った折に寄る都心のお好み焼き屋が、やたら濃厚な味のように感じられるので、あまり食べなくなった。東京にもお好み焼きの店はあるが、小麦粉の量が多過ぎて野菜の存在感が少な過ぎるので、やはり敬遠してしまう。

山盛りキャベツを挟み込む広島のお好み焼きが、さっぱりしていて私好み。しかし私にはつくれそうにないため、広島でお好み焼きを食べることがよけい楽しみになってきた。あるとき、適当に入った路地裏のお好み焼き屋で、三〇代ぐらいの夫婦と思しき店員さんが、黙々とコテで手早くそれぞれお好み焼きを焼いていた。その風景が、昼過ぎのガラス戸から入る光に照らされ、神々しく見えたことがある。もちろん、頼んだお好み焼きはおいしかった。

大阪では、焼きそば入りのお好み焼きは「豚モダン」などと呼ばれる。焼きそば入りを「モダン焼き」と呼ぶからだ。三〇年前に行ったお好み村では、「豚玉そば焼き」などとあったような気がする。「焼きそばの呼び方が違うんだな」と思っていたのだが、最近は焼きそば入りがデフォルトになっているようだ。似ていて違う文化。そもそも広島でお好み焼きは、どのように発展してきたのだろうか。まず、お好み焼き自体の歴史を調べてみた。

『お好み焼きの物語』（近代食文化研究会、新紀元社）によると、お好み焼きのルーツは一九世紀初めの化政期に子ども向けに売られていた「文字焼き」で、水溶き小麦粉を動物などの形に焼くおやつだったのが、お好み焼きやもんじゃ焼きに発展。東京で明治末期から大正初期に、大人の間でブームになり、大正時代半ばから昭和初期にかけて、全国に広がった。その中に大阪、兵庫、広島も含まれる。

『神戸とお好み焼き』（三宅正弘、神戸新聞総合出版センター）によると、大阪や京都では戦前、「洋食焼き」「一銭洋食」などと呼ばれ、神戸では「にくてん（肉天）と呼ばれていたらしい。

では広島はどうか。例によって『日本の食生活全集㉞聞き書　広島の食事』（農文協）を確認してみると、「一銭洋食」を紹介するコラムがある。同書によると、少なくとも一九二一年頃には、リヤカーなどの手押し車の屋台が、神社・お寺や駄菓子屋の前で移動販売していた。小麦粉の水溶きに刻んだ青ネギをのせ、さらに水溶き小麦粉をかけて焼くものだ。表面に醬油を塗って熱々を食べる。一九三五年頃になると専門店もでき、鰹節の粉、かまぼこやレンコン・ネギの薄切り、とろろ昆布などを入れ、最後にウスターソースを塗る豪華版になっていた。

発展したのは戦後だ。広島のお好み焼きには、原爆の焼け跡から鉄板を拾い、焼き始めたのが始まり、というもっともらしい伝説もある。農水省のウェブサイト「うちの郷土料理」によれば、一銭洋食から戦後に空腹をしのげる（ボリュームを増した）お好み焼きに発展した。広島では鉄を扱う工場が多く、鉄板が比較的手に入りやすかった、としている。昭和三〇年代に、住宅の一部を店舗にする店がふえ、麺や豚肉を加えるようになり、昭和五〇年代の広島カープが優勝した頃（初優勝は一九七五年）から、ガイドブックに掲載されて全国に知られるようになった。昭和五〇年代は、広島カープの黄金期である。

広島市中心部の八丁堀などで店を構える「お好み焼　みっちゃん総本店」は、ウェブサイトで初代がキャベツたっぷりの「広島のお好み焼きの生みの親」と打ち出す。創業は一九五〇年で、広島焼きの形をつくった中心人物だったという。焼きそば入りも同店では、一九五五年頃からメニューに加わったとのこと。

お好み村のウェブサイトにも、ソース会社のサンフーズのウェブサイトにも、同村の歴史が紹介されている。始まりは、一九五〇年頃に市内中心部に五〇店ものお好み焼き店が集まったことだ。広島のお好み焼きに関しては歴史を語るサイトがいくつもあり、原爆の被害から復興したシンボル的な存在であることがうかがえる。庶民のお腹を満たすため、料理人たちが工夫し、戦後間もない時期から、プロの技で重ね焼きをする特徴を備えていた広島のお好み焼き。お好み焼き自体は広島の専売特許ではないが、この思い入れと工夫が独自の形に発展させた。おいしくないわけがないのである。みっちゃんは、東京にも支店があるらしいので、今度、行ってみようかな。

18

博多ラーメンの出汁は なぜ、豚骨なのか?

Tonkotsu Ramen, Hakata

福岡県には、これまで数回行ったことがある。最初は中学校の修学旅行で九州を回った折。博多で鯛めし、柳川でウナギのせいろ蒸し、雲仙観光ホテルでハーフポーションのフルコースをいただき、長崎でカステラを買う、とおいしいものだらけのグルメ旅だった。何しろ私が通っていたのは、地元で名高い「お嬢さん学校」の私立女子校。私自身は『花より男子』（神尾葉子、集英社）のビンボー主人公、牧野つくしみたいなポジションだったから、親の懐は相当痛んだことだろう……。

「九州はおいしいところ」というイメージを私が抱いているのは、そのときの体験が大きい。しかし、九州は私の地元、関西からはもちろん、東京からはさらに遠い。出張で行く機会はほとんどなく、旅行先選びでも交通費を確認した時点で、「それなら沖縄のほうが安い」「いっそ台湾へ」などと気がそれて、ほとんど行ったことがない。そして、数少ない福岡出張では、土地勘がないこともあり料理がおいしかった体験がほぼない。おいしい街、と評判が高いにもかかわらず……。

福岡はもしかして、他の地域より肉食文化の蓄積があるのでは？　と気づいたのは、『日本外食全史』（亜紀書房）を書いた折、豚骨ラーメンや水炊きの話で福岡に触れたからだった。くわしくは同書を読んで欲しいが、豚骨ラーメンは久留米市で一九三七年に、水炊きは福岡市で一九〇五年に誕生している。豚骨ラーメンで豚骨が出汁に使われたのは、鶏ガラより安かったことが理由だが、その分クセが強くなる。肉食に慣れていなければ受け入れにくい味にもかかわらず、戦後にますます発展し「博多ラーメン」と呼ばれる名物料理になったことがポイントである。

いつものように農文協の聞き書きシリーズに頼ろうと、『伝承写真館　日本の食文化⑪九州1』（農文協）を読んだが、それらしき記述はない。仕方がないので、今回は傍証をかき集めて推測してみたい。

『秘密のケンミンＳＨＯＷ』（日テレ系）を観ていると、福岡と言えばやきとりが人気で、なぜか豚バラ肉で野菜などを巻いたアレンジもバリエーションが豊富なこと、豚足を焼いて食べる、もつ鍋文化もあるなど、豚骨ラーメン以外の豚料理も豊富なことがわかる。豚骨、豚足、もつは、肉を使いつくす文化がなければ、あまりひんぱんに使わないのではないか。

肉文化といえば、肉食の歴史が長い朝鮮半島の近さが気になる。福岡みやげの定番、明太子は植民地時代の韓国に住んでいた人が持ち込んだ。もしかして焼き豚足も……とソウルでめちゃおいしい焼き豚足を食べたことから連想してみたが、『食卓の上の韓国史』（周永河著、丁田隆訳、慶應義塾大学出版会）によると、韓国で豚肉料理が好まれるようになったのは半世紀ほど前からに過ぎない。しかし、その前に北朝鮮の人が韓国で豚足料理を売ろうとしており、北朝鮮には豚肉食文化があったらしい。朝鮮半島経由はあるかもしれないが、違うかもしれない。

もつ鍋については、朝鮮半島から来た可能性が高い。もつ鍋店「こうづき」のウェブサイトや福岡市のウェブサイトなど複数のサイトで、第二次世界大戦後、炭鉱夫として働く朝鮮半島出身の人が食べていたものが元になっていると書かれている。

豚バラの食文化は福岡情報サイト『フクリパ』（二〇二〇年二月二一日）に、満州から引き揚げた人が持ち込んだ説があることが触れられていた。中国は豚肉食大国だが、満州からの引揚者については全国に足跡を残している。焼き豚足については、いくつかのサイトが「ルーツは不明」としている。

鶏肉も人気が高い。『フクリパ』（二〇二〇年九月六日）の、「福岡市民の〝鶏（鳥）料理好き〟は、江戸時代にまでさかのぼる⁉」という記事が興味深いことを書いている。総務省統計局の家計調査によると、二〇一七～二〇一九年の鶏肉支出額は福岡市がナンバーワンで、やきとり、水炊き、かしわ飯、がめ煮（筑前煮）など、郷土料理も含む福岡市民が好きな鶏料理を列挙している。福岡の鶏肉食文化にくわしい日本経済大学の竹川克幸教授によると、享保（きょうほう）の飢饉による財政立て直しのため、福岡藩が鶏卵生産に力を入れ、廃鶏処分のため鶏肉食が広まっていたそうだ。

水炊きについては、水月（すいげつ）のウェブサイトに誕生物語が記されている。明治時代に香港へ渡った創業者が、現地に入っていた西洋料理と中国料理を組み合わせ、日本人に合いそうな料理として考案したという。

鶏肉人気は江戸時代以来で、豚肉名物料理が戦後に誕生。それだけでは、福岡で肉食が特別盛んとは言えない。鶏肉食は江戸時代後半に全国で広がっているし、戦後はやはり全国的に肉料理が手軽な選択肢になっていくからだ。しかし、豚足は今なお全国どこでも買えるわけではないし、豚骨ラーメンが全国区になったのは、一九八〇年代のブーム以降だろう。距離の問題は独自性に関係があると思う。北九州エリアの東アジアへの近さ。日本の中心地からの遠さ。

東アジアの文化流入口が北九州だったことは、歴史が証明している。福岡はうどんとまんじゅうの発祥の地でもある。その碑が立つ承天寺は、宋で禅宗を学んで帰国した聖一国師（しょういちこくし）が開いた。小麦粉食の文化は、聖一国師が石うすとその挽き方も伝えて福岡から広まった。磁器の歴史も、朝鮮戦争で秀吉が連れ帰った陶工が指導した、佐賀県の有田焼から始まる。長崎は、江戸時代に唯一の対外窓口だった。縄文時代の終わりにコメ作が広まったのも、北九州かららしいことが、佐賀県や福岡県の遺跡が発掘されわかっている。邪馬台国の場所についても、北九州説がある。福岡は、JR九州高速船で釜山(プサン)まで三時間四〇分で行ける。

もう一つは、国の中心地から遠いこと。南九州の島津藩では養豚が行われていたが、それは江戸から遠かったこと、肉食文化圏だった沖縄を侵略していたことが影響している。もしかすると、福岡の豚肉食は南九州の影響を受けたのかもしれない。中国から入った豚の角煮を卓袱(しっぽく)料理に組み入れた、長崎からの影響もあるだろう。肉食の禁忌は北九州エリアでも、あまり強くなかったのではないか。関西でも東京に比べると異質な文化なのに、さらに遠い九州で、江戸の影響が色濃かったとは考えられない。

肉食文化が育ちやすい土壌が江戸時代からすでにあったからこそ、近代以降に独自の肉食文化が発達したのではないか。うーむ、福岡県、奥が深そうだ。一度じっくりつき合ってみたくなった。

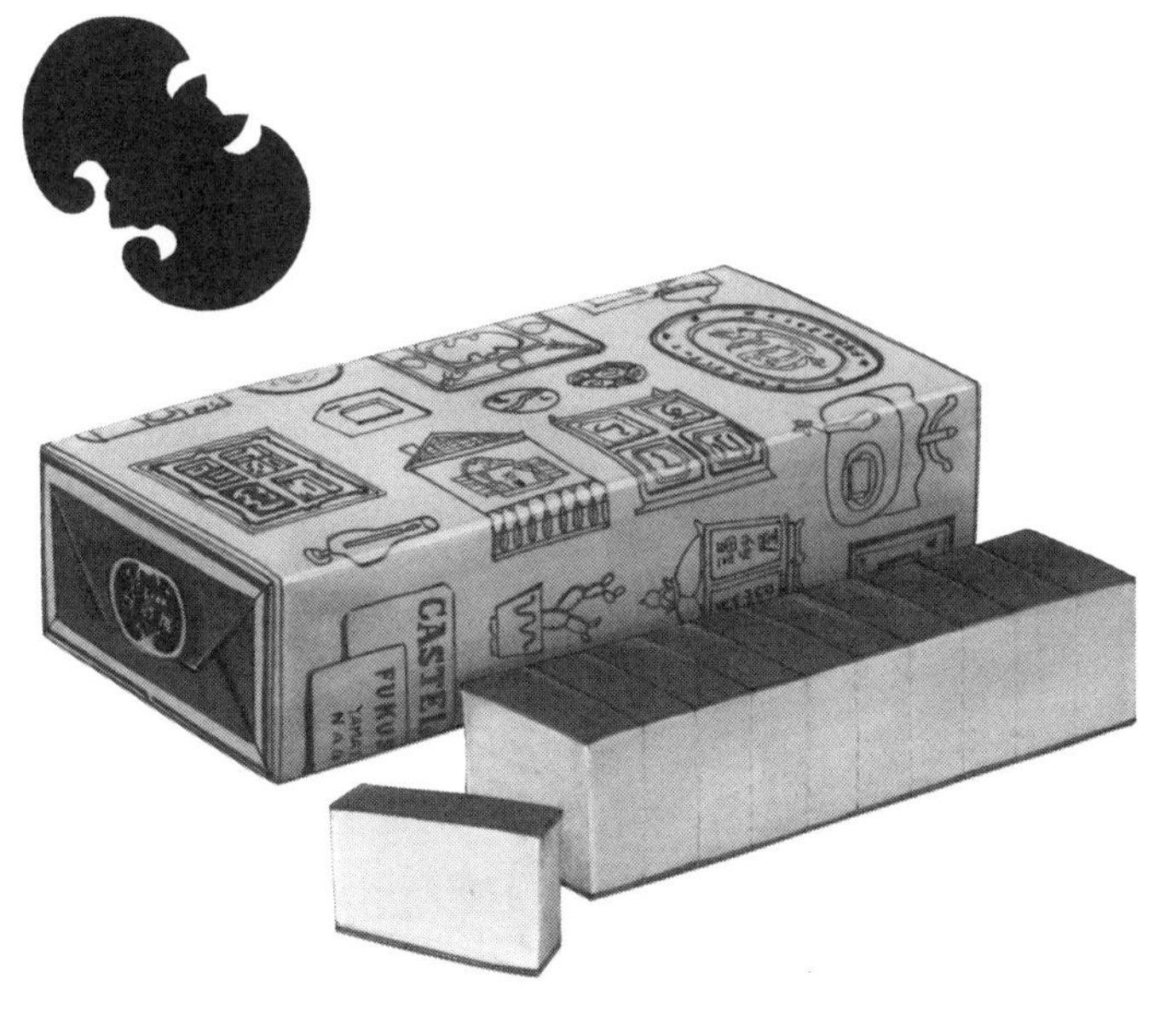

19

カステラはなぜ、江戸時代の日本に根づいたのか?

Castella, Nagasaki

二〇一六年末、長崎へ旅行した。長崎は中学の修学旅行で訪れた後は、取材でハウステンボスへ行っただけなので、ほぼ三三年ぶりの再訪だ。福岡の記事でも書いたように、九州は関西からも遠く東京からはさらに遠く仕事の機会が少ないうえ、交通費が高くなるので旅行でもなかなか行かない。しかし、長崎は修学旅行時、眼鏡橋が前年の台風で壊れて修復中で、自由行動時も思うように歩けなかったことから、ずっと心残りがあった。

食文化の歴史を研究するようになると、南蛮文化の入り口として、江戸時代に重要な役割を果たした土地に対する興味が高まっていく。夫にくり返し「長崎へ行きたい」と言い続け、ついに叶ったのがこのときだった。

長崎市内を歩くと、あちこちにカステラ店があってのぼりを掲げているのに遭遇する。抹茶やチョコなどの味のバリエーションを売りにする店も、五三焼きと言って卵の黄身と白身の割合を五対三にした濃厚な味を売りにする店もある。残った二個分の白身は何に使うのだろう……。「どんだけカステラ好きやねん！」とツッコんでいるうちに、食べ比べを思いつく。

一六二四（寛永元）年創業の「元祖」を名乗る福砂屋と、やはり「元祖」を名乗る一六八一（天和元）年創業の松翁軒、皇室や宮家にも献上する長崎菓寮匠寛堂、それから名前を忘れたが手づくりを掲げる個人店と、買ったカステラを朝食替わりにホテルの部屋で食べまくった。標準体重を維持できなくなったのはその頃からなので、もしかすると長崎のカステラが引き金だったのかもしれない。

修学旅行のときに名前を覚えた福砂屋のものは、印象的な派手な味わい。個人店のものは、素朴な家庭的な味。松翁軒は六年以上経った今となっては記憶が残っていない。一番おいしかったのは、無添加を売りにする長崎菓寮匠寛堂のもので、甘さが上品でキレがよかった。同じように見えるカステラでも、味は違うのだなあとしみじみ思った。

カステラには、いくつも思い出がある。修学旅行時は、あるホテルで同室の子の一人が夜出かけたままなかなか帰らず、先生に見つからず無事に帰ってくるか心配で、皆で寝ずに待っていたことがある。そのとき、誰かが「カステラでも食べていよう」と、買ったばかりの福砂屋のカステラを出してきた。お茶も入れずにちぎりながら食べるなんて、何だか贅沢な気がしたのを覚えている。

小学生の頃は、家に来るお客さんがカステラを持ってくることが多かったが、そのたびにカステラは和菓子なのか洋菓子なのか疑問が湧いた。スポンジ生地はケーキっぽいのに、売っている店は和菓子屋が多いからだった。

長年の謎が解けてきたのは、食文化を研究し始めたおかげだった。カステラはよく知られているように、南蛮貿易の時代にポルトガルから入ってきた。ポルトガルで「パン(パオ)・デ・ロー」、スペインで「ビスコチョ」と呼ばれるお菓子が元になっていると言われている。

現代のカステラは、大きな箱型にたねを流し込みオーブンで焼く。しかし、オーブンを使う文化が入ってきたのは、幕末・明治の開港期。長崎に行ったときは、江戸時代のオランダ人がオーブン料理をどのようにしていたか知りたかったが、出島にも、グラバー園にもオーブンの展示は見当たらなかった。後からわかったのだが、ヨーロッパでも今のような密閉式オーブンが普及するのは一九世紀後半以降で、これらの施設にはあるはずがなかった。

しかし、福砂屋で当時のカステラ焼き型の写真を発見。ダッチオーブンみたいな丸い鋳鉄製のふたつき鍋を釜にのせ、ふたの上にも炭をのせて両側から焼いたらしい。もしかすると、こうした焼き型がその後、回転焼きやたい焼きの型に発展したのか？

型が小さいだけでなく、材料の砂糖も国産化されたのは吉宗の時代で高価だった。卵も量産時代に入るのは明治以降。カステラの歴史を紹介した朝日新聞二〇一七年三月二九日の記事によると、庶民がこの貴重なお菓子を口にできるようになったのは、文化文政期（一八〇四～一八三〇年）以降だった。

カステラは、スポンジケーキなど一般的な洋菓子と風味が異なり、しっとりしているところに特徴がある。一番の違いはバターを使っていないところだ。スポンジ生地の主な原料は、小麦粉・卵・砂糖・バター。一方、カステラの主材料は小麦粉・砂糖・卵。バターを使っていないからこそ、一六、一七世紀の日本でも定着できた。卵は南蛮人たちが好んで食べているのにつられ、日本人も食べるようになった食材である。

バターは、酪農文化が衰退していた日本にはなかった。輸入していたらおそらくとても高くついたことだろう。そして、洋菓子独特の風味をもたらす。明治の初め、日本人は洋菓子のバターの香りを「くさい」、と言って敬遠したのだ。つまり、バターがなかったからこそカステラはつくることができ、そして広がっていく土壌ができたのだと言える。「やはり江戸時代に定着したスポンジ生地の一六タルトは？」と愛媛の一六本舗のサイトを確認すると、バターや油は使っていないとある。バターなしだからこそ、江戸時代にこれらの洋菓子は日本化できたのだ。

和菓子屋でつくられているのも、このお菓子が江戸時代に定着したことが影響したのだろう。その意味で言えば、カステラは和菓子である。やはり長崎の有名店、文明堂も条件つきで和菓子、という見解を同社ウェブサイトで書いている。文明堂は出島の近くに、黒塗りのしっくい壁の堂々たる和風建築で総本店を構えている。創業は一九〇〇（明治三三）年と比較的新しい。

きめが細かく、途中でオーブンから取り出し泡切りをするなど、手間のかかる製造スタイルは日本で独自に進化したもの。あの大きな型で四角く焼くのも日本オリジナル。現在の味と形になったのは明治時代に水あめを入れるようになってから、と二〇一一年六月一八日の朝日新聞ｂｅの福砂屋紹介記事にある。日本人好みにカスタマイズされ発展したという意味でも、これは和菓子と言える。

長崎の人たちは、カステラを広めた土地として誇りを持っているのだろう。だからこそ、町のあちこちにのぼりを立ててカステラを販売している。東京でも、カステラに「長崎」とつくとブランド感が出る、という販売スタイルが目立つ。長崎と言えば、やっぱりカステラなのである。

20

長崎に和菓子屋が多いのはなぜか?

Wagashi, Nagasaki

私が修学旅行のリベンジ（前章）で行った長崎市で、気になったのが和菓子店の多さだった。長崎と言えば、小倉まで通じて本州へつなぐ長崎街道、別名「シュガーロード」の出発点で、カステラなどの西洋菓子の入り口だった。長崎港に入った輸入品の砂糖は、シュガーロードを通って本州へ運ばれたため、街道沿いの町では、いくつもの銘菓が誕生している。砂糖が潤沢に手に入った長崎で、実は和菓子も発達していたのか？　何しろ中心部を歩くと、何なら、一区画に一店あるんじゃないか、と思われるほどひんぱんに和菓子店に遭遇したのだ。

記憶を確かめるため、グーグルマップで「長崎市　和菓子屋」と検索してみると、路面電車の線路周辺を中心に一九店も並んでいる。最も集中しているのはめがね橋駅と市役所駅の間で、徒歩でも行ける二駅の間に、中島川を挟んで五店もある。長崎市の推計人口は二〇二三年二月一日時点で約四〇万人。その規模の割に多いだろう、和菓子屋。私がこれまで自転車を使い、動き回った東京二三区内西側エリアには、和菓子屋がゼロまたはチェーン店一店のみの町がいくつもあったというのに。それとも古い町では、このぐらい和菓子屋があって当たり前なのか？

そこで、和菓子屋が多いことで知られる他の都市も検索してみた。加賀百万石の金沢市は、駅ビルに八店も入っているものの、ここはデパ地下的な役割を果たしていると思われるので外すと、バスで移動できる城の周りに一一店ある。人口は約四六万人。

松平不昧公(ふまいこう)が茶の湯を盛んにした松江市は、駅ビルと一畑百貨店に合計三店あるほか、徒歩でも歩ける市内には一二店。人口は約二〇万人。地下鉄網が発達しお稽古ごとが盛んな名古屋市はさすがに多くて、地下鉄沿線では一八店ある。うち百貨店内が一店、駅ビルに四店、郊外にも点在している。人口は約二三〇万人。

京都市はもちろん多くて、ＪＲ京都駅北側から北山までのエリアに、地下鉄烏丸(からすま)線を挟んで一八店あるものの、今出川より北側が中心部と言えるのかどうか……観光客が多そうな四条周辺だと九店にへる。ただ、私は関西出身なのに京都のルールはあまりわかっていないので、もしかすると通はもっと広範囲に動いて和菓子を買うものだったり、市民は北側エリアを攻めるのかもしれないが……。人口は約一四五万人。

いずれにせよ、茶道が盛んで和菓子店が多そうな都市は、規模の大小にかかわらず中心部には一〇店前後の和菓子屋があるのに対し、特に茶道が盛んでもなく和菓子で名を馳せてもこなかった小規模都市の長崎市に、一九店もあるのだ。念のため、各店の商品を確認したところ、五店はカステラ屋だったので、それを引いたとしても一四店だ。なぜ長崎は、和菓子屋をもっとアピールしないのか？

二〇一六年の旅で持参した『たびまる　長崎』（昭文社）を、もう一度開いてみる。トップページの「食べたいランキング」五位以内にはもちろん和菓子は入っていない。「買いたいランキング」もスイーツはカステラと中国菓子のみ。各エリアの紹介にも、みやげリストにも、和菓子は中が空洞になっている「一口香（いっこっこう）」ぐらいしか紹介されていない。洋菓子は数点紹介されていた。

もしかすると、長崎の和菓子屋は観光客向けではないから、ガイドブックのつくり手も気づかないのかもしれない。観光客はカステラをどうぞ、市民は和菓子を食べます、ということなのだろうか。しかし、長崎市出身の友人に聞くと、特に消費が多かったイメージはないようだ。念のため、二〇二〇〜二〇二二年の総務省の家計調査平均値も調べてみた。和菓子はようかん・まんじゅう・他の和生菓子で分かれている。長崎市はそれぞれ五一位、一五位、四九位。カステラは当然一位で、二位の津市の四倍近く支出している。まんじゅうはよく食べるが、他の和生菓子はあまり食べないらしい。ちなみに、今回調べた都市では、ようかんが松江市一五位、金沢市二二位、京都市二四位、名古屋市三〇位。まんじゅうは金沢市一三位、松江市二五位、京都市四三位。他の和生菓子は金沢市一位、京都市八位、名古屋市一五位、松江市二二位。茶道が盛んな都市は他の和生菓子をよく食べるが、京都はまんじゅうをあまり食べないのが興味深い。ちなみにカステラは京都市三位、金沢市一二位、名古屋市一八位、松江市がぐんと下がって四七位だった。

長い間、海外への唯一の窓口だったうえ、第二次世界大戦では原爆も投下された。長崎には語ることがたくさんあり過ぎて、和菓子の存在が見えにくいのだろうか。何しろスイーツだけでも、カステラがあり、同じように南蛮貿易を通じて入ってきた、金平糖や有平糖などがある。江戸時代に唐人街、明治時代に中華街へと変わった中国人移民の町があって、伝わった中国菓子がある。中国から長崎へは、江戸時代前期に隠元禅師がインゲンマメやタケノコなどを持ち込んでいる。カステラほどインパクトがある菓子がない和菓子屋は、あえて語られなかったのか。

砂糖も江戸時代に長崎へまず持ち込まれて広がった。当然、その砂糖はカステラ以外にも使われただろう。和菓子もそうして盛んにつくられたと思われる。しかし、残念ながら私が調べた限り、長崎の和菓子の歴史を研究した論文はない。日本の砂糖史を書いた『砂糖の文化誌――日本人と砂糖――』（伊藤汎監修、八坂書房）には、江戸時代の砂糖や貿易についても書かれているが、長崎で和菓子がどう発展したかを書いた章はない。誰も調べていないのか、それとも私が知らないだけなのか。

いずれにせよ、長崎市民は砂糖が潤沢（じゅんたく）に手に入ったので甘いものが好き、と知られている。和菓子も日常的に食べ継がれてきたのではないか。短い旅の間に、和菓子をあれこれ食べる余裕はなかったが、再訪する機会があれば、今度はカステラではなく和菓子を食べ比べてみたい。

21

海に囲まれて暮らす
沖縄ケンミンは肉ラバー

Meats, Okinawa

全国のローカルルールやローカル食文化を紹介する情報番組、『秘密のケンミンSHOW』（日テレ系）を観ていると、沖縄ケンミンはバーベキューが大好きで、砂浜のある海辺でバーベキューパーティをよく楽しむらしいことがわかる。バーベキューの習慣がアメリカから入ってきたことは推測できるけれど、海で泳がず肉を食べている風景は、沖縄の食文化を象徴していると思う。

牛肉ステーキやハンバーガーも、沖縄ケンミンは大好き。特に豚肉の食文化が豊かだ。豚足のテビチの煮込み、耳の皮のミミガーの酢のものなど、「鳴き声以外は何でも食べる」と言われるほど使い尽くす。那覇の牧志公設市場では、豚肉の頭の皮がぶら下がっている店がある。また、戦後に復活させたあぐー豚など、いくつもの在来豚ブランドがある。

二〇二二年に放送された朝の連続テレビ小説『ちむどんどん』（NHK）でも描写されていたが、沖縄では昔、家で豚を飼い、特別なときにさばいてごちそうにした。ドラマでは、東京から来た親子が帰るときに一頭つぶして食べていた。

『日本外食全史』（亜紀書房）でも書いたが、沖縄では琉球王国時代の一八世紀から、漁業抑制政策を取っている。傑出した政治家として知られる蔡温（さいおん）が、「海辺の百姓が終日海に出て、魚、貝をとるということは家業をおろそかにすることであり、その家は衰微する」と『平時家内物語』で主張している（『琉球の風水土』木崎甲子郎・目崎茂和編著、築地書館より）。

日本では、肉食禁止政策の背景に、猟に時間を取られて農業が疎（おろそ）かにならないようにした側面があるが、琉球では同じ理由で漁を制限した。どちらも本業の農業をしっかり行ってもらい、食糧を潤沢に調達しようとした政府の意図があったと考えられる。

沖縄には、中国経由で豚肉食が入ってきたと考えられる。『沖縄の人とブタ』（比嘉理麻、京都大学学術出版会）によると、一四世紀後半または一五世紀後半に豚の飼育が始まり、一七世紀以降に盛んになる。もしかすると、漁業抑制政策ができたのは、養豚が根づきタンパク源を十分に摂れるようになったからではないか。同書によると、一八世紀には養豚奨励策を取っているからである。

養豚が盛んになったのは、一七世紀初頭に中国から入ってきたサツマイモを、殖産興業に力を入れた儀間真常（ぎましんじょう）が広めたからである。サツマイモは人々の食糧となり、ツルや茎が豚の餌になったのだ。サツマイモがその後琉球から薩摩へ伝わり、そして青木昆陽（あおきこんよう）が江戸で奨励したことはよく知られている。

豚肉食は、幕末になると日本へ伝えられる。幕末の江戸では、肉食が表向き禁止されていたにもかかわらず、琉球鍋と呼ばれて豚肉の鍋料理が流行したのだ。また、近代になり、豚肉料理を広めようとした東京帝国大学の田中宏教授は、沖縄料理と中国料理を研究して、豚のショウガ焼きなどの豚肉料理を考案し、大正時代に『田中式豚肉調理二百種』（博文館）、『田中式豚肉料理』（玄文社出版部）の二冊のレシピ本を出している。

豚が入ってくる前、沖縄で主に食べられていた肉は牛肉である。文献で牛の飼育が確認できるのは一五世紀以降だが、『ステーキに恋して　沖縄のウシと牛肉の文化誌』（平川宗隆、ボーダーインク）によれば、一二世紀以降に飼育され始めたと思われ、一五世紀頃には、与那国島を除く宮古・八重山の先島全域でも飼育され食用にされていた。もちろん本島では牛肉が市場で売られていた。

同書によると、もともと琉球では、特別なときに屠畜するのは牛肉だったらしい。中国からの使節、冊封使のもてなしにも牛肉が用いられていた。しかし、一七世紀の文献に「婚礼などの儀式のとき肴は豚肉にせよ、牛の屠殺を禁止する旨のことが記されている」とある。そうした制限を設けたのは、農耕で使われる牛馬が農民にとって大切にされ、政府にとっては課税の対象になっていたことが要因だったとしている。

沖縄で豚肉食が盛んになったのは、政治的にそのように導かれたからだったのである。その結果、豚肉食文化が育っていった。

私は観光客としてごく一部を食べただけだが、沖縄の豚肉料理は大好きだ。ミミガーのコリコリした食感は、キュウリのせん切りと合わせたときに最高にその魅力を発揮する。沖縄そばの上に載っている三枚肉も好きだし、テビチのむっちりした食感も楽しい。私はもともと、さっぱりした食べものが好きで、ふだんは豚バラ肉もあまり買わないし、背脂系ラーメンも苦手なのに、沖縄へ行くと油っこい料理も食べてしまう。ただ、ラードを使った料理をたくさん食べるのは難しいが……。

一方、魚料理はいまいちだと、実は思っている。グルクン（タカサゴ）やアバサー（ハリセンボン）のから揚げは最高においしいが、煮つけや刺身にした魚を市場で頼んだときは、「ん？」と思ってしまった。

よその土地で食事をするとよく感じるのだが、食材の活かし方の技術には、個人の腕前ももちろんあるが、それ以前にその土地での食文化が影響するのではないか。地域で料理し慣れているかどうか、食べ慣れているかどうかが料理人の腕前にも表れるような気がする。関西では出汁を生かした煮もの、汁ものがおいしいし、握りずしやとんかつは発祥の地、東京のものが特に優れているように感じる。ソウルへ行った折も、焼き豚足などの肉料理がとてもおいしかった一方、刺身はいまいちだった。ほかにおいしいものが山ほどあるのに、内陸都市で刺身を食べようとしたのが、そもそも間違いだったかもしれないが……。

沖縄の豚肉料理はおいしい。牛肉もステーキ料理店で注文したステーキは、てらいもなくふつうにさっぱりとおいしくて、これだったら確かに日常的に食べるのもわかる気がする、と思った。それはやはり、長い間肉を食べ続けてきた食文化が背景にあるからではないだろうか。

22

沖縄のおやつ。

ポーポーとサーターアンダギー

Po Po, Sata Andagi, Okinawa

沖縄の緩やかで文化的な雰囲気が好きで、何度も訪ねている。もちろん、沖縄に関する書籍なども読んできたので、「癒しの島」だけでない厳しい歴史や現状も認識しているが、一観光客としてそこまで深入りはできない。

十数年前、出張でも沖縄に行ったことがある。その際、取材先で出されたのが、サーターアンダギーだった。実はそれまで、サーターアンダギーにはあまりいい印象を持っていなかった。子どもの頃、父が沖縄にときどき出張していて、お土産に買ってくることがあったが、パサパサで固く人工的な味がするので苦手だったのだ。

二〇〇一年に放送され沖縄ブームに火をつけたＮＨＫの朝ドラ『ちゅらさん』では、主人公の恵里（国仲涼子）が家出し東京で暮らし始めた場面で、サーターアンダギーが初登場した。娘の行動に気づいた母（田中好子）が、カバンにそっと手づくりのサーターアンダギーを入れておくのだ。恵里はそのサーターアンダギーを、引っ越しの挨拶がてら下宿先で配る。そっけない対応をした城之内真理亜（菅野美穂）は、ドアを閉めると食べてムフッと笑いすっかり気に入る。そんなシーンを見ながら、「そんなわけないだろ」と内心ツッコんでいた私。

ところが出張先で出されたサーターアンダギーを食べ、自分の勘違いに気づいた。父が買ってきたのは大量生産の市販品だったが、出張先で出されたのは手づくり。優しい甘さで柔らかいそれは、子どもの頃に食べたものとは雲泥の差で、手づくりのドーナツそのもののおいしさがあった。ほかの地域の土産物でも、もともと家庭料理だったものを、食品添加物を入れて大量生産したとたんにまずくなっていることがよくある。そうした商品はもしかすると、地域の食文化のイメージを悪くしてはいないだろうか。

小麦粉、砂糖、卵を混ぜて丸め、揚げたサーターアンダギーは、そもそも沖縄のドーナツである。揚げるうちに、一カ所が割れてチューリップの形になるのだが、それを沖縄の人は「笑う」と表現する。ふだんのおやつにもするし、祝い菓子としても使う。お土産にもする。余計なモノを入れず、手づくりすればおいしいものができる。考えてみれば、おいしいから郷土菓子になったわけだ。それ以来私は、那覇の第一牧志公設市場近くの市場でサーターアンダギーを買うようになった。手づくりのモノを売っているからだ。プレーンのほか、黒糖味や紅芋味もある。

私は車の運転に慣れていないので、沖縄に行くとレンタカーを借りずに、ゆいレールで動ける那覇あたりをウロウロすることが多い。市場は必ず歩き回る。その散策の途中、見つけたのが店の前にテーブルを並べ、沖縄のおやつを売っているところだった。サーターアンダギーのほか、ポーポー・チンビンとムーチーも売っている。これらが大好きな私は、一通り買ってムフッと笑ってしまう。

ポーポー・チンビンとムーチーは、知らない人が多いかもしれない。私も、沖縄の歴史や食文化を調べるうちに知ったおやつである。ポーポーについては、沖縄に思い入れが深かった岡本太郎もエッセイで紹介している。それぞれ、どういうおやつか順に説明しよう。

ポーポー・チンビンは、小麦粉を水で溶いたたねをフライパンなどで薄く焼いたおやつ。いわば沖縄のクレープだ。ポーポーは、表面に油味噌を塗って巻く。一方、私のお気に入りは、チンビン。こちらは黒糖液を塗る。よりおやつ感があるので、ついこちらを選んでしまうのだが、名前はポーポーのほうが好き。考えてみれば、クレープやホットケーキを焼いたことがあるのだから、自分でもつくれそうな気がするが、沖縄で買って食べるから楽しいのである。

ムーチーは、基本的に沖縄でしか手に入らないはず。沖縄で「サンニン」と呼ばれるショウガ科の植物、「月桃（げっとう）」の葉っぱで包んで蒸した餅菓子だからだ。月桃は沖縄では珍しくないが、北限が鹿児島県佐多岬で、他の本州では育たない。

『沖縄ぬちぐすい事典』（尚弘子監修、プロジェクト シュリ）によると、月桃の「葉には防虫、防菌、防カビなどに効く成分が含まれており、根茎や種子を煎じたものは健胃整腸、消化不良などに効くとされている」。最近、美容や健康にいい、と注目されている植物である。

初めてムーチーを買って暑い中歩き回ったとき、私は中身が腐らないか不安になっていた。しかし、夕食でご一緒した沖縄の人にそれを言うと、「ムーチーは腐らないよ」と一笑された。そのぐらいムーチーには保存性があるのだ。

独特の甘いようなさわやかな香りが、薄く伸ばした中の餅にも移っていた。葉っぱの色が移るのか、うっすらとピンク色をしている。餅粉に砂糖などを入れて蒸したおやつは、食べると懐かしいような初めてのような幸せ感をくれる。

ムーチーは「鬼餅」という意味で、旧暦一二月八日の「ムーチーの日」につくって神棚や仏壇などに供える。『沖縄生活誌』（高良勉、岩波新書）によると、その年中行事はこんな民話がもとになっている。昔、首里の金城（かなぐすく）村で、両親に先立たれた兄と妹が暮らしていた。兄は貧乏生活に耐えきれず、夜な夜な南部の大里城（うふざとぐすく）の近くまで行って、人を殺して肉を食う大里鬼になってしまう。悲しんだ妹は、鬼退治の作戦を練る。

妹は、一二月八日に砂利石を入れた餅と普通の餅をつくって鬼となった兄を誘い、断崖絶壁の上の野原に行って一緒に食べた。砂利石を入れた餅を食べさせられた兄は、「こんな堅いものを妹は食べられのか」と驚く。妹は、そのときわざと下着を着けずに足を開いて座っていた。鬼が「その下の口は何か?」と聞くと、妹は「上の口は餅食う口、下の口は鬼食う口」と答え、恐れて逃げた鬼は崖から落ちて死んでしまう。

その話をもとに、沖縄では旧暦一二月八日にムーチーをつくって、鬼や魔物から子どもを守るよう祈願する行事が始まった。著者は子どもの頃、自分の年の数だけムーチーを食べることができたという。ムーチーは、一個一個の量は少ないので、確かに子どもでも数個ぐらいはペロッと食べられそうだ。

今は、百貨店やエキナカなどで地方の物産展がしょっちゅう開かれているし、全国に打って出る飲食店やメーカーも多いので、居ながらにしていろいろな味を楽しめる。それでもなお、ほかの地域では食べられない食品・料理もあるし、地元のモノとは別モノになっていることも少なくない。そして、その土地の雰囲気とともに味わわなければ、魅力が今一つわからないものもある。家でつくれるキットが売られる名物料理を、実際につくって食べても私は違和感を覚えることが多いので、気に入った地方の味は現地で楽しむようにしている。他では体験できないからこそ、旅は大切な思い出になっていくのではないだろうか。まだ行ったことがない土地、また行ってみたい土地がたくさんある。次はどこへ行こうか。

あとがき

本書に収録したウェブマガジン『あき地』（亜紀書房）の「大胆仮説！ケンミン食のなぜ」連載中にコロナ禍が始まり、「旅行は当分行けないのか……まだ行っていないところがいっぱいあるのに！」「出張はオンラインの打ち合わせに置き換わってしまうのでは？」と心配した時期もあったが、本が出る頃にはマスクを外して生活するようになるはずで、ＳＮＳには以前のように国内外を飛び回るレポートが散見される。時代は常に変わり続けていることを実感する。

思い返せば会社員三年目頃、上司から「阿古さんはどんな仕事をしたい？」と聞かれ、「旅行の記事とか興味ありますね」とトンチンカンな返事をして困らせたことがある。勤め先は、住宅設備・住宅・家電などの大手企業の販売促進物をつくる広告会社だった。

あれから三〇年、今は食と暮らしとジェンダーが専門の「生活史研究家」となっているが、肩書は、紀行文やエッセイもたまには書きたい、と「作家」もつけている。「テレビの海外食べ歩きロケの仕事とかないのか」と夫から期待されるが、残念ながら都内をウロチョロするか資料を漁るかの仕事が中心で、「生産者取材」すらほとんどご縁がない。そもそも各地を取材して回る体力がないかもしれない……。とはいえ、そのうち日本の洋食ルーツを探りにヨーロッパへ行く、などやってみたいと夢想している。

私個人の経済と健康状態が上向き始めた二〇一〇年代から、春と夏にしばしばアジアと国内を旅行するようになったが、遊んでいるはずが、特色のある地域の食を試してみたり、書店でローカル文化を伝える本を漁っていたりする。国内のたいていの旅では、持ちきれなくなった本や調味料を宅配便で自宅に送る。

そんな経験が詰まった本をつくらせてくれた、亜紀書房の内藤寛さんに感謝している。また、地元の食文化を教えてくれた友人・知人たち、旅で振り回しがちな夫もありがとうございます。

二〇二三年二月　春が間近な東京・練馬区にて

阿古　真理

本書は、亜紀書房ウェブマガジン『あき地』に二〇一九年一一月一九日〜二〇二二年一一月一七日にわたって連載されたものに、三篇の書き下ろしを加えてまとめたものです。

阿古真理（あこ・まり）

作家・生活史研究家。

1968年兵庫県生まれ。食のトレンドと生活史、ジェンダー、写真などのジャンルで執筆。

著書に『日本外食全史』『家事は大変って気づきましたか?』（以上、亜紀書房）、『ラクしておいしい令和のごはん革命』（主婦の友社）、『昭和育ちのおいしい記憶』『うちのご飯の60年　祖母・母・娘の食卓』『「和食」って何?』『昭和の洋食　平成のカフェ飯　家庭料理の80年』（以上、筑摩書房）、『料理に対する「ねばならない」を捨てたら、うつの自分を受け入れられた。』（幻冬舎）、『料理は女の義務ですか』『小林カツ代と栗原はるみ』（以上、新潮社）、『なぜ日本のフランスパンは世界一になったのか』（NHK出版）など。

大胆推理(だいたんすいり)! ケンミン食(しょく)のなぜ

2023年4月28日　初版第1刷発行

著　者　**阿古真理**

発行者　**株式会社亜紀書房**
〒101-0051
東京都千代田区神田神保町1-32
電話(03)5280-0261
https://www.akishobo.com

装　丁　**矢萩多聞**
イラスト　**川村淳平**
ＤＴＰ　**コトモモ社**

印刷製本　**株式会社トライ**
https://www.try-sky.com

Printed in Japan　©Mari Ako,2023
ISBN978-4-7505-1783-4

日本の自然をいただきます
——山菜・海藻をさがす旅

ウィニフレッド・バード著
上杉隼人訳

320ページ／2000円＋税

古代薫る地を往き、食べた、〝原日本〟の風景と暮らしに迫る異文化食紀行。農耕以前よりこの国で食べられてきた野草や海藻。「栽培作物」にはない、その滋味あふれる味わいと土地ごとの記憶をたどる。

さよなら肉食
——いま、ビーガンを選ぶ理由

ロアンヌ・ファン・フォーシュト著
井上太一訳

324ページ／2200円＋税

旧来の経済モデルと生活習慣が機能不全に陥った今、求められる新しい「食の物語」とは。人口増・気候変動・環境汚染に歯止めをかける〝ビーガニズム〟の合理性と未来を解き明かすノンフィクション。

野生のごちそう
——手つかずの食材を探す旅

ジーナ・レイ・ラ・サーヴァ著
棚橋志行訳

376ページ／2200円＋税

世界各地で食用にされている野生動物をめぐる旅に出た環境人類学者。アフリカの密林に横行する野生肉の違法取引を追い、「NOMA」で蟻を食べ、スウェーデンの森でヘラジカを屠る。文明の恩恵に浴しながら天然の獣肉を過剰に追い求めた結果、私たちが得たもの、失ったものを問う。

ソウル　おとなの社会見学

大瀬留美子著

248ページ／1800円＋税

知られざる地下世界や絶景の屋上スポット、まちなかに点在する磨崖仏や銅像の秘密、渋い喫茶店や活気あふれる外国人タウン……。韓国と出会って25年、ソウルを愛し、路地を隅々まで知り尽くした〝まち歩きの達人〟が案内する一歩先行くソウルの旅。

阿古真理の本

日本外食全史

664ページ／2800円＋税

高級料理から庶民派まで、より良いものを提供しようと切磋琢磨した料理人たちのドラマがあった。温かさと幸福を求めて美味しいものに並ぶ人も、絶えたことはなかった。個々のジャンル史をつぶさに見ていくと、一つの大きな共通する流れが見えてくる。歴史にさぐる、外食産業の未来とは。

家事は大変って気づきましたか？

352ページ／1800円＋税

本や雑誌、料理番組、CMやドラマなどから家事の歴史を明らかにし、家事のいま現在とこれからを考える。アウトソーシング、時短料理、ていねいな暮らし、名前のない家事、ケア労働……。フェミニズムの研究も参考にしつつ、共働き時代の新しいパートナーシップのかたちを探る。